監修者——五味文彦／佐藤信／高埜利彦／宮地正人／吉田伸之

［カバー表写真］
四条大路・四条大橋・鴨川
（『一遍聖絵』）

［カバー裏］
気仙川にかかる板橋
（岩手県陸前高田市）

［扉写真］
桂川にかかる板橋と鵜飼い
（『一遍聖絵』）

日本史リブレット 25

# 中世のみちと都市

*Fujiwara Yoshiaki*
藤原良章

目次


中世のみちと都市をめぐって———1

①
名所の橋———11
橋と柱／おうげの橋／橋の宗教性／勢多橋／四条大橋／相模川の橋／紀行文の世界／信仰の空間

②
〝粗末〟な橋———35
いろいろな橋／m×n枚の橋／淀上野の橋／福岡市の橋／n枚橋考／忘れられた橋

③
橋と中世のみち———63
二枚橋／ハツ橋

④
都市鎌倉とその周辺 — 中世的都市———77
水辺の空間／奥州へ／東海道／鎌倉の大手／権現山・権現堂／東光寺／白山堂

④
交通と都市的な場———100
荒井猫田遺跡／野路岡田遺跡／下古館遺跡

中世のみちと都市 — 若干の展望にかえて———106

# 中世のみちと都市をめぐって

もし、この世にみちがなかったら、どうしよう。

「こんな愚問に答える必要はない。」

誰もがそう思うかもしれない。みちがなければ、それこそなにもできなくなってしまうからである。ところが、それに見合うような分だけ、中世のみちの歴史について研究が行われてきたのかといえば、必ずしもそうではなかったところに、問題があったといえるのである。

ところで、本書でいうところのみちについて、若干の説明をしておきたい。

ここでいうみちは、基本的には、「①人や車などが往来するための所。道路。通路」(『広辞苑』)といった意味があり、いわゆる陸上交通路を意味していることはまちがいない。しかし、たとえば『土佐日記《とさにっき》』▲承平《じょうへい》五(九三五)年一月二十六日に、海賊が追って来るというので、「よなか《(夜中)》ばかりよりふね《(船)》をいだ《(出)》してこ《(漕)》ぎくるみちに、たむけ《(手向)》するところあり」というような用法にも注目しておこう。通常これは「目的地に至る途中」というふうに解されてはいるが、いずれにしても「道中」、すなわちみちの意を含有しているのであり、こうした海上、ないし水上の場合もみちと表現しているのである。こうした点も踏まえ、本書では、陸上交通路のみならず、水上・海上交通路も含めて、みちと表現していくことにする。

では、さきの設問に返ってみよう。これに対しては、いろいろな答えが返ってきそうである。さしあたり思いつくものは、

①年貢をはじめとしたたとえば国家的な賦課に応えるため、みちは必要だった。

②いろいろな文化的な往来とかあったはずだから、みちは必要だった。

といったものであろうか。

しかし、たとえば①の解答は、一面では正しいものであるとしても、近年の

▼『土佐日記』　日本ではじめて仮名《かな》で書かれた日記文学で、作者は紀貫之《きのつらゆき》。土佐国守《こくしゅ》離任後の九三四(承平四)年十二月二十一日から、京の自邸にいたる翌年二月十六日までの旅を、女性に仮託《かたく》して書き継いだもの。

中世考古学の発達にともなって、不完全なものとして、ある意味で、破綻してしまったものでもある。のちに簡単にふれることになるが、全国各地で発掘調査された中世遺跡からは、およそそんな解答にはふさわしくない、おびただしいほどの遺物が出土しており、そんな範囲にはとどまらない、広域かつ大量の物流があったことがはっきりと示されたからである。そしてそれらが、さまざまなみちを通じて行き来したことも疑いのない事実なのである。

中世交通史の研究が、本来、古代の官物輸送に対して、荘園制《しょうえんせい》的「私物輸送」の研究から始まったことは確かである。しかし、今みたような点からいっても、それは、交通の一部を取り上げたものであり、けっしてそれだけで完結するようなものではなかった。

考古学以外の事例を若干あげておこう。

いわゆる職人歌合《しょくにんうたあわせ》には、多種多様な職能民《しょくのうみん》が登場することを思い出しておこう。そのなかには、『東北院《とうほくいん》職人歌合』▲に「賈人《こじん》（商人）」が登場するが、ここでは『七十一番職人歌合』▲に「油売《あぶらうり》」が登場することに注目しよう（次ページ図参照）。

ここで描かれた人物については、かつて酒作《さけつくり》と誤解されたこともあり、その

▼『東北院職人歌合』　現存する最古のいわゆる職人歌合絵。一二一四（建保《けんぽ》二）年の秋に、東北院に集まった「職人」たちの歌合わせの体裁をとるが、いずれも仮託。五番本（一〇職種）、十二番本（一四職種）の二種が現存する。

▼『七十一番職人歌合』　現存する中世の職人歌合で、最大の規模を誇り、一四二職種の「職人」が登場するが、これもすべて仮託。なかに、多くの女性が登場することを特色とする。

●――油売(『七十一番職人歌合』)



肩に背負う朸《おうご》の両端につけられた桶の中身は酒であると解されてきた。しかし、その中身が油であり、この人物が油売であったことは、『歌合』に明らかである(油売が七番左で、酒作は六番右にあたっていることからきた誤謬であろう)。

その桶のなかの油は、灯明用のものであり、夜の明かりとして、寺社・公家《くげ》をはじめ、都市民などに愛用されていた。その専売権を握り、もっぱら原料となる荏胡麻《えごま》の購入や製品の販売にあたっていたのが、いわゆる山崎油座《やまざきあぶらざ》神人《じにん》である。彼らは、たとえば不破関《ふわのせき》の関津料《つりょう》免除の特権を保障され、諸国で油の交易を行うなど、まさにみちを歩き回ることを職掌としていた〝職人〟集団であった。それゆえ、絵巻物に描かれるとすれば、夕暮れ時の京の路頭や、それこそ主要な街道《かいどう》筋に登場する存在だったのである(四八ページも参照)。商人についても、それは各地の路上に描かれており、まったく同様に旅のなかに生きていたのである。

あるいは、次ページに示したのは、洛西嵯峨《らくせいさが》の年末風景であるが(『西行物語《さいぎょうものがたり》絵巻《えまき》』)、そこにも、路上には柴《しば》売をはじめ、書状を届けようとする人物、魚鳥売り、例によって油売り、文杖《ふづえ》をかついだ人物、あるいは、正月用の門松

●──洛西嵯峨の年末風景(『西行物語絵巻』)

を運ぶ二人の男性、馬を必死で追いかける土器作《かわらけつくり》、その前には行器《ほがい》を頭にいだいていた女商人が、馬にあおられて地べたに転んでいる。さらには、市女笠《いちめがさ》をかぶった二人の女性のほか、毬打《ぎっちょう》に興じる五人の子どもたちなどが、それこそびっしりと描き込まれている。

こうした点からみても、中世のみちはさまざまな人びとが行き交う場所であり、交通手段こそ異なるとしても、その意味では現代とまったく異なるところはなかったのである。

このように、みちはきわめて身近な存在であった。あるいは、過去の時代においても、なくてはならないものでもあったことはいうまでもなかろう。だが、その割に、これまではみちについてさほど注意が払われてこなかったことも、また事実なのである。

だからこそ、「もし、この世にみちがなかったら、どうしよう」という当初設定した「愚問」も、こうした研究史に照らしあわせてみれば、あながち「愚問」としてのみ切りすてることができるわけでもなかったことは、ご理解いただけるであろう。

すでにふれたように、みちが、年貢《ねんぐ》輸送などといった観点から、かろうじてとらえられてきたことも確かである。しかし、それらがとおったみちが、はたしてどのような具体相をもっていたのか、といったような点について、中世のみちが議論の対象となることはほとんどなかったといっていい。あまりに身近なものだからこそ、逆に研究の対象とはなりにくかったということもあるのだろう。

それは、みちに関して、それを直截《ちょくせつ》に語ってくれるような文献史料が、かなりまれであることにも起因している。そのことはまた、いわゆる交通に関する文献が、年貢収取のために作成されたものがそのほとんどであり、そうした文献に頼るかぎり、交通史研究が、年貢運送をその第一の課題として行われてこざるをえなかったこともやむをえないことだったのである。

たとえば、古代律令《りつりょう》国家において、国家的交通政策の一環として五畿七道《ごきしちどう》諸国が定められた。七道とは、東海道《とうかい》・東山道《とうさん》・北陸道《ほくりく》・山陰道《さんいん》・山陽道《さんよう》・南海道《なんかい》・西海道《さいかい》であり、それらは行政単位であると同時に、その諸国と京をつなぐみちの呼称でもあった。だから古代には、それら七本の官道《かんどう》が整備されていた。そして、そうしたみちが、きわめて直線的であり、また幅員もかなり広くとられており、律令国家のあり方を象徴的に示していることが、近年の歴史地理学・文献史学、あるいは考古学の研究によって明らかにされている。

ところが、若干時代はくだるが、八二一(弘仁《こうにん》十二)年に中央政府から一通の太政官符《だいじょうかんぷ》が発せられ、「路辺樹木」を「破損」することが禁じられたことについては、ほとんど注目されてこなかったことも事実である。みちそのものの規模・様態・ルートなどがおもな関心の対象となっていたこともその原因の一つであろう。だが、子細にみてみるならば、樹木を破損することを禁じた理由の一つとして、「道辺の木、夏蔭を垂らし休息のところとな」っていたからだ、とするこの文書は、別の意味で注目に価するものであろう。少なくともここから私たちは、みちに樹木がしげっていた光景、そして、夏の酷暑のなか、みちを歩き疲れた旅人たちが、木陰に涼を求め、疲れた体を休めていた姿を、はっきりと思い浮かべることができるからである。

似たような事例は中世にもみることができる。『東関紀行《とうかんきこう》』▲の三河国本野川原《みかわのくにほんののがわら》(本野原《ほんのはら》)についての叙述によるならば、そこは、笹が生いしげっていた野原で

▼『東関紀行』　鎌倉時代の紀行文。作者は鴨長明《かものちょうめい》などとも伝えられるが、未詳。一二四二(仁治《にんじ》三)年に、京からくだり、鎌倉からまた帰京するあいだの旅について、『白氏文集《はくしもんじゅう》』をはじめとした漢籍《かんせき》などを引いた和漢混淆文でつづる。

あった。そして、笹を踏み分けたみちが多くあるため、どのみちをいけばいいのか、行く末も迷ってしまいそうなところでもあった。しかし、

故武蔵《むさし》の司《つかさ》、道のたよりの輩《ともがら》におほせて植へをかれたる柳も、いまだ陰とたのむまではなけれども、かつ〴〵まづ道のしるべとなれるも哀《あわれ》也。

とあるように、北条泰時《ほうじょうやすとき》が、道筋の人びとに命じて柳の木を植えおいたのだ、ということが記録されている。それはいまだ木陰に涼むといったほどまでになってはいなかったものの、とにもかくにも、みちしるべとなっていたことは、心をひかれることだ、と作者が書き残したとおり、その柳は、みちしるべともなり、いずれは木陰に涼を求めることもできるような樹木となるべきものでもあったのである。みちと樹木と旅人たち、こうした構図をここでも確認することができる。

　こうした具体的な姿をもう少しでも明らかにできるとすれば、みちをめぐる人のあり方を多少なりとも明確にとらえていくこともできるだろう。

　むろん、それらは簡単な作業ではない。なかなか文献史料が語ってくれるような範疇にはないからである。とはいえ、たとえば、ほとんど文献史料にめぐ

●——伝鎌倉街道（東京都国分寺市）

まれていない地域について考えてみよう。そこについては、中世という時代がよくみえてこないことはいうまでもなかろう。だが、みちは実に身近なものでもある。人がいればみちは必ずとおっているし、人が住み着いていないようなところにさえ、みちは確実にとおっていた可能性もある。つまり、みちをさがしていくことから、そうした地域の中世を復元していくことも可能になってくるのである。

本書では、以上のような観点から、まずは中世のみちについて注目していきたいと思う。さらに、みちをいけば、そうした交通に関連した集落もあったはずである。それらがいわば都市的な機能を果たしていたことも近年の研究によって明らかにされている。そこで、そうした交通の結節点にあたるような都市的な場についてもふれていくこととしたい。

# ①名所の橋

## 橋と柱

まずは橋から注目していきたい。なぜならば、それはきわめて明確な形でつくられ、また、人びととの往来に欠かすことのできない構築物でもあったからである。

かつて、折口《おりくち》信夫《しのぶ》は、柱について、それが神がおりてくるもっとも清浄な地域の表示ともなり、その道筋であったことを示しつつ、その柱のハシが、川の両側をつなぐ水平的な橋と同様に、垂直に、縦に天と地をつなぐハシであり、だから、柱は神のおりてくるハシと同じものと考えられていた、と指摘している。これは柱についての指摘ではあるが、しかし、それは、橋もまったく同様に、川などによって、本来、水平に分け隔てられた空間、すなわち、まさに彼《ひ》岸《がん》と此岸《しがん》をつなげることができるという意味で、きわめて呪術《じゅじゅつ》的な存在であり、空間でもあったことを、明瞭に示してもいたのである。

## おうげの橋

新潟県上越《じょうえつ》市（直江津《なおえつ》）を流れる荒《あら》川に、かつて〝おうげの橋〟がかかっていた。それは、かの『さんせう太夫《だゆう》▲』の舞台ともなった、中世の橋の名であり、「往《おう》下《げ》（往還）」の意であるとも、また、「応化」の意であるとも考えられている。

その近く、現在の直江津駅付近に広がる中世遺跡として伝至徳寺《しとくじ》跡があった。これは守護所《しゅごしょ》の接待機関のような公的な性格ももっていたらしく、十世紀から十六世紀まで、まんべんなく、しかも大量多種の遺物が埋もれていた遺跡である。「直井《なおい》の浦《うら》」（直江津）が、平安時代から中世を通じておおいに繁栄していたことの、なによりの証言であったし、その出土遺物のおびただしい数と種類は、みる者をして、ただただ圧倒するばかりでもあった。と同時に、それ以降になるとぷつんととぎれたかのように、遺物の出土がなくなるという事実も、それはそれで、きわめて象徴的な事実であった。

〝おうげの橋〟については、岩崎武夫の論考がある。そのなかで印象的なところは、〝おうげの橋〟という境界の機能をもっともよくあらわしているこの橋が、説教『さんせう太夫』の舞台になっていたことであり、論考で指摘された〝おう

▼『さんせう太夫』　『山椒《さんしょう》太夫』として著名な中世の文学作品。讒《そしり》によって流された陸奥守の子、安寿と厨子《ずし》王が母などとともに父をたずねる途中、人買い山岡太夫の手に渡るなどしたが、厨子王が京へ戻り、山椒太夫・山岡太夫を誅して仇《かたき》をとった、とするもの。森鷗外《もりおうがい》の作品の題材ともなった。

げの橋〟の以下のような変遷でもあった。すなわち、本来〝おうげの橋〟は、一つには往下（往還）の意であり、中世において、たぶん自由な通行が行われていたらしいことをうかがわせる。しかし戦国期になると、上杉謙信《うえすぎけんしん》は「府中《ふちゅう》大橋の制」を立て、〝おうげの橋〟に関所を設けて関銭《せきせん》を徴収するようになっていた。いわば、境界領域に対して公権力が公然とそれをわが領域に引き込もうとしたことは明白である。

さらに注目すべきは、近世高田藩《たかだはん》が設置されると、藩は、直江津の政治・経済機能を城下《じょうか》高田へ移すことを企図し、「荒川の橋」（おうげの橋）を撤去して伝馬《てんま》交通路を直江津から遮断し、加賀《かが》街道から下越《かえつ》方面へいく伝馬は高田城下経由以外、抹殺してしまったという事実である。それは、伝至徳寺跡から出土した大量の遺物が語るところと軌を一にするものであり、いわば、中世における境界領域としての橋が、その後、戦国・近世と時代をへるごとに、俗権力によって翻弄され、破壊されていった歴史を、直江津の〝おうげの橋〟は象徴的に示していたのであった。

ひるがえって考えるならば、そうした俗権力の手の届かなかった時代の橋は、まさに人買いや魔物が徘徊する空間として、一種不気味でもあり、また、奇跡の起こる聖域として中世の人びとにとらえられていたことも明らかであろう。

ふたたび『さんせう太夫』に注目してみよう。結局直江の浦で宿を借りることもかなわなかった岩城判官正氏《いわきはんがんまさうじ》の御台《みだい》・安寿《あんじゅ》・づし王丸《おうまる》・乳母《うば》たきの四人は、女房《にょうぼう》の進言を受け、〝おうげの橋〟で一夜を明かすことにする。そこへあらわれた山岡《やまおか》太夫の脅し文句は以下のようなものだった。

> これに伏したる旅人は、御存知あつての御休みか、まつた御存知御ざないか、この橋と申すは、供養《くよう》のない橋なれば、山からうわばみが舞い下り、大蛇が上がりて、夜な夜な逢うて契りをこめ、さて暁方になりぬれば逢うて別るるによつてさてこそ橋の造名を、おうぎの橋と申すなり、七つ下がれば（午後四時ごろをすぎると）人を取り、行きかたないと風聞する、あらいたわしや、

こういいすてられた山岡太夫の脅しのなかには、〝供養〟のない橋が竜蛇などの住みつくおどろおどろしい空間だった、という中世の認識がはっきりと示されている。

橋は、まさに境界領域に存在する。そしてそこは、勧進《かんじん》や喜捨《きしゃ》などによって〝供養〟されなければ、竜蛇などの住む魔縁の世界へと化してしまうのであった。そんな認識のなかで、中世の人びとは橋をつくり維持することによって、これを〝宗教的空間〟として守ろうとしたのだ、と考えることも、あながちはずれていることではないだろう。

## 橋の宗教性

そうした側面は、柳田国男《やなぎたくにお》が多くを語った「橋姫《はしひめ》」伝承からも知ることができる。たとえば、宇治《うじ》川のほとりに夫婦が住んでいたが、夫が竜宮《りゅうぐう》にいくといって家を去り、とうとう帰ってこなかった。悲しみのあまりに死んだ妻は橋姫となり、橋を渡る男性を化かすようになった、といったような伝承が、宇治橋などをはじめとしたいくつかの橋に残っているが、まさに、中世の橋は、きわめて呪術的な空間であったのである。それゆえ、橋は、単に通行の手段として考えられた以上に、より深い宗教的な意味をもってとらえられていた。

そうした観念に支えられていたのだろう、架橋についても、行政といった世俗権力ではなく、むしろ、僧侶といった宗教家に委ねられていることが多かった。

若干の事例をあげておこう。

道昭《どうしょう》といえば、六五三（白雉《はくち》四）年、遣唐使《けんとうし》の一員として入唐《にっとう》し、玄奘《げんじょう》に師事して法相《ほっそう》教学を学び、帰国後、法興寺《ほうこうじ》（元興寺《がんごうじ》）の一隅に禅院《ぜんいん》を建てて住し、日本法相教学の祖となったことで著名だが、「後において天下を周遊して路傍に井を穿ち、諸々の津済《しんせい》（済は渡しの意）の処に船を儲けて橋を造る。乃《すなわ》ち山背《やましろ》国宇治の橋は、和尚《わじょう》の創造するところのものなり」（『続日本紀《しょくにほんぎ》』文武《もんむ》天皇四〈七〇〇〉年三月己未条）と記述されたとおり、橋をはじめとした交通施設の整備にもあたったという伝承もよく知られている。もちろん、宇治橋造営については疑義も呈せられているものの、そうした伝承が起こるほど、交通施設について、その整備を進めた実績が記憶されていたことの証左となろう。

行基《ぎょうき》についても同様である。彼が、いわゆる五泊《ごはく》（大輪田《おおわだ》・川尻泊《かわじりのとまり》〈尼崎《あまがさき》市今《いま》福《ふく》に比定〉・魚住《うおずみ》泊〈明石《あかし》市魚住町に比定〉・韓《から》泊〈姫路《ひめじ》市的形《まとがた》に比定〉・室《むろ》泊〈室津《むろつ》とも、兵庫県たつの市御津《みつ》町室津に比定〉）を築港したという伝承は著名であるが、この

●──勢多橋（『石山寺縁起』）

ほかにも、山崎橋《やまざきばし》（京都府八幡《やわた》市・大山崎《おおやまざき》町境）・泉橋《いずみばし》（奈良市・京都府木津川《きづがわ》市境）を架橋したとの伝承もあるからである。

このほか、重源《ちょうげん》・一遍《いっぺん》・忍性《にんしょう》といった、それこそ仏教史上忘れることのできない人びとが、架橋に携わったことも、橋のそうした性格をよく語っているものだろう。

その架橋について、いくつかの実例についてふれていくことにしよう。

まずは、橋姫の主要な舞台の一つでもある勢多橋《せたばし》について取り上げてみたい。

## 勢多橋

中世の勢多橋は、勢多の唐橋《からはし》とも呼ばれたように、その規模からいっても、またその構造からいっても特筆すべき橋だったらしい。そのためもあろう、その姿はいくつかの絵画に描きこまれることになるが、その一つは、『石山寺縁《いしやまでらえん》起《ぎ》』にも描かれている。

絵でみるかぎり、それほど巨大な橋にはみえないかもしれない。しかし、かけられた地理的環境からいっても、それはきわめて長大なものであった。

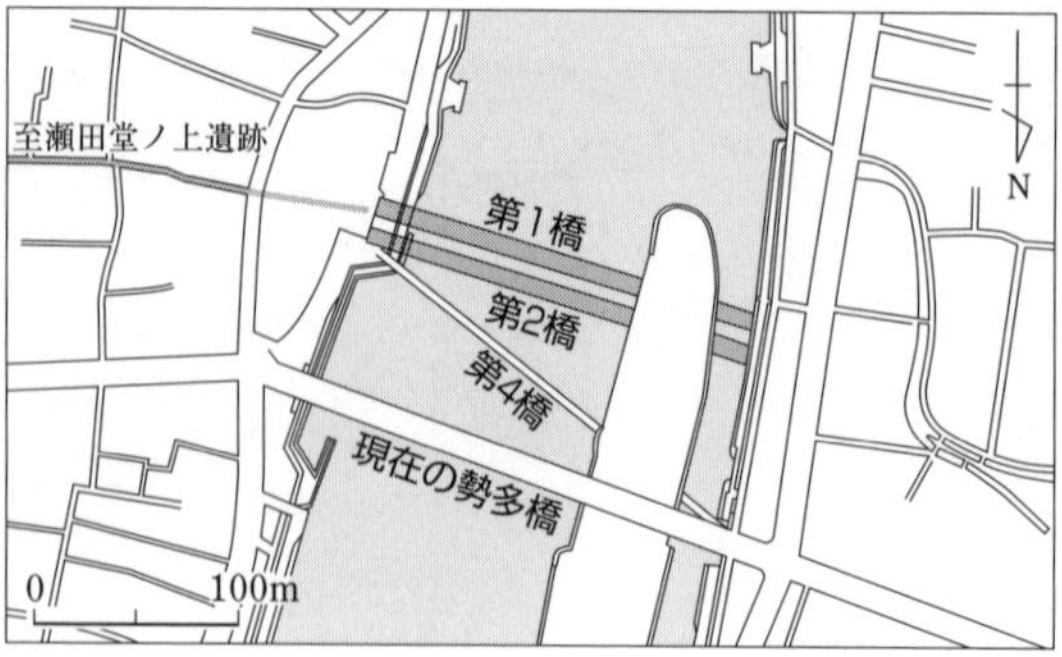


●**勢多川河床から発見された橋脚群**（畑中英二「中世勢多橋界隈のみち・はし・ふね」『中世のみちと橋』による）

実は絵巻物ではデフォルメが行われる。人間がそのなかにはいっていけば、壊れてしまいそうな、ほんの小さな家さえ描かれているのである。それは、いわゆる「兎《うさぎ》小屋」を描きたかったためにそうなったのではなく、あくまでも記号として家を描いたからであって、描かれたサイズは現実を必ずしも直截《ちょくせつ》に反映したものではなかったのである。

むしろこの絵からは、勢多橋が、大きな桁橋《けたはし》であり、その上に欄干《らんかん》や擬宝珠《ぎぼし》といった美しい装飾がほどこされた、実に立派な、まさに名所の橋といって差し支えない姿をしていたことを、みておきたい。さきに取り上げた〝おうげの橋〟（府中大橋）もこれに類似するようなものだったのであろう。

古代から中世にかけての勢多橋については、発掘調査によって、さまざまなことがわかってきた。現在の唐橋の下流にあたる位置で、水面下の勢多川河床から橋脚群が発見されたからである。これにより、過去においても、現代の勢多橋とほぼ変わらない地点に橋がかけられ続けたことがわかったのである。

橋は四時期のものが確認されているが、いずれも、打込みや掘立柱《ほったてばしら》によらず、石や木などの台材を設け、その上に橋脚を立て、多くの石材によってそれを固定したものだったことが、構造上の特徴としてあげられている。

そして古代においては、国司《こくし》がその管理にあたり、決算帳が民部省《みんぶしょう》に提出される規定だったことからわかるとおり、その修理についても国家が毎年直接的に管掌する制度になっており、それがほかの橋とは大きく異なり、国家レベルで維持・管理された、きわめて特殊な橋であったことを雄弁に語っている。

また、中世になると、近江守護《おうみしゅご》の佐々木氏がその修復などにあたっており、その費用が、国内の荘園《しょうえん》などに賦課して徴収されていた。それでも、その維持・修理はたいへんだったようで、その後は勢多橋を利用できなかった事例が、いくつか知られている。

このように、相当な費用や労力をかけて維持・管理されたと考えられている勢多橋ではあるが、重要なことは、それをあえて渡らなかった人びとが多く存在したことである。

京都と東国《とうごく》(東山道《とうさんどう》・東海道《とうかい》いずれを経由するにしても)を結ぶ重要な位置にあったこの辺りのルートとしては、勢多橋を渡っていく陸路と、大津松本《おおつまつもと》から矢橋《やばし》へ渡る水路の、二とおりがあった。陸路をいけばかなりの遠回りとなるのに対して、水路では風待ちの必要がある場合もありうるが、うまくいけば最短距離で結ぶことができ、なにより、物資の輸送にも多少の便があったらしい。こうしたことから、「急がば回れ」、「勢多へ回れば三里の回り　ござれ矢橋の船にのろ」という諺《ことわざ》・俗謡《ぞくよう》があった。前者は、急ぐ旅であれば、風待ちせずに大回りでも勢多橋を経由したほうが早いとするものであり、後者は逆に、回り道をするよりは船に乗ったほうが早くて便利だ、とするものである。これら、陸路・水路の選択について、「軍事行動を起こした時や公式の儀礼的な旅、換言すると大人数が俊敏に移動することを目的とする際には勢多橋を渡ることが一般的で、個人的な旅行の際に湖上が風波で荒れていないときには勢多橋を渡らず水路を用いる傾向があ」り、「京都—東国への移動の際は、記録の残る中世以降は陸路をとるよりも水路の方が目立つ傾向にあった」とする畑中英二の指摘は、勢多橋の性格を考えるうえで、きわめて重要であろう。

たしかに実用上必要な橋でもあったのであろう。しかし、壮麗をきわめたこの橋は、それ以上に、たとえば古代国家が直接管理したような、あるいは、源《みなもとの》頼朝《よりとも》の一大デモンストレーションでもあった一一九五（建久《けんきゅう》六）年の京都上洛《じょうらく》に際して、守護によって修復が行われたような、いわば儀礼的な意味でこそ重要な橋だったことを、明瞭にこの指摘は語っているからである。

その意味でも、きわめてシンボリックな橋こそ、勢多橋なのであった。

では、こうした国家的な、あるいは守護の賦課によって維持された特殊な橋以外はどうだったのであろうか。そうした事例についてもふれておこう。こちらのほうが、中世における橋の意味をはっきりと示していると考えられるからである。

## 四条大橋

京都四条大橋《しじょうおおはし》といえば、祇園感神院《ぎおんかんしんいん》の鳥居が立つ橋として有名であり、『一遍聖絵《ひじりえ》』(以下『聖絵』)にもその姿が描かれているものである(次ページ図参照)。みてわかるとおり、いくつもの橋脚が立てられ、その上には欄干や擬宝珠も備えた立派な橋があったことを知ることができる。そして、その架橋については、つぎのようなエピソードが伝わっていることに注目しよう。

一三四九(貞和《じょうわ》五)年は、不思議のことが打ち続いたが、「洛中《らくちゅう》に田楽《でんがく》▲を

▼田楽　猿楽《さるがく》とならび、中世を代表する芸能で、多くの人びとによってもてはやされ、本座・新座などの専業田楽法師も存在した。基本的には、シンメトリックな動きを特徴とする田楽踊り、曲芸である散楽《さんがく》・田楽能などによって構成される。

●―四条大橋（『一遍聖絵』）

翫《もてあそ》ぶ事法に過」ぎていた。将軍尊氏《たかうじ》もこれを好み、これによって「万人」もそのために浪費している。鎌倉幕府が亡びたのは、高時《たかとき》が田楽を翫んだためであり、ふたたびこのように流行しているのは、なにか悪い予感を感じさせる。

この年の六月、四条橋を渡す費用を集めるため、四条河原に桟敷《さじき》を設け、大々的に勧進《かんじん》田楽が興行された。これには摂政二条良基《せっしょうにじょうよしもと》・将軍足利《あしかが》尊氏をはじめ、「卿相雲客《けいしょううんかく》諸家の侍《さむらい》、神社寺堂の神官《しんかん》僧侶に至る迄」が、見物に集まり、新座《しんざ》・本座《ほんざ》の田楽が「能くらべ」をした。ところがあまりの熱狂ぶりにたえかね、上下二四九間の桟敷が将棋倒しのように一度にどっとくずれ、観客に多数の死傷者がでた。その混乱のなかで、物取りや刀をぬいての闘諍《とうじょう》事件が発生し、さらに多数の死傷者をだすこととなった。それは「修羅《しゅら》の闘諍、獄卒《ごくそつ》の呵責《かしゃく》、眼の前にある」かのような、まさに地獄のごとき事態であった（『太平記《たいへいき》』巻二七「田楽事付長講見物事」）。

これも、架橋が勧進といった宗教的喜捨によって行われようとしていたことをうかがわせてくれる重要な事例ではあるが、同時に、その勧進田楽に対する熱狂のなかで、さながら地獄のようなありさまを呈したことにも注目しておきたい。まさにあの観応《かんのう》の擾乱《じょうらん》▲が起こる予兆《よちょう》を示すような形で、四条大橋建設のための勧進田楽が取り上げられているからである。橋をめぐっては、そうしたおどろおどろしい記憶もついてまわったのである。

## 相模川の橋

一九二三(大正十二)年九月一日の関東大震災、および翌年一月十五日の地震によって、巨大な木柱が地中より複数出現した。それが、大地震にともなう液状化によるものであることが、発掘調査でも明らかになっている。その当時から、これらについては大きな注目を集めることになった。それが、一一九八(建久九)年、鎌倉幕府の御家人《ごけにん》、稲毛重成《いなげしげなり》がかけた相模《さがみ》川の橋だと考証されたからである。

そのためもあり、これは「旧相模川橋脚」として、一九二六(大正十五)年十月二十日に国の史跡に指定され、多くの人びとの努力によって、溜池、あるいは保存池がつくられ、そのなかで保存されることとなった。その後、八〇有余年

▼**観応の擾乱**　一三五〇〜五二(観応元〜文和《ぶんな》元)年にいたるまでの、室町幕府を中心とした内紛だが、南朝・北朝も巻き込み、大きな混乱となった。足利尊氏の執事《しつじ》であった高師直《こうのもろなお》と、尊氏の弟直義《ただよし》との対立であったが、それが尊氏・直義の対立に発展し、結局、直義は鎌倉で尊氏に毒殺されたと伝えられる。

●——出現当時の旧相模川橋脚(一九二四年)



をへ、橋脚のうち、池などから露出していた部分を中心にいたみが進んできたこともあり、二〇〇一(平成十三)年度より整備事業が行われることとなった。

発掘調査の結果、保存池の水面上から観察できた七本の橋脚のほか、出現時に確認されていた二本、さらに保存池の外側からあらたな一本が確認され、計一〇本の橋杭があったことが判明した(あくまで調査範囲内の話である)。

往時の長さについては不明ながら、それぞれ、約五〇～七〇センチの径をはかる巨大な柱であり、一部の柱には、枘《ほぞ》のようなものをほどこした構造も確認され、これらが単なる柱ではなく、明らかに橋脚であり、相当の規模をもつ橋がかけられていたことが、確実となった。さらに、橋脚の年輪測定の結果も含め、これが、稲毛重成の時代の構築物であったことも、ほぼまちがいないことが判明したのである。

『吾妻鏡《あずまかがみ》』建暦《けんりゃく》二(一二一二)年二月二十八日条には、つぎのような記事が載せられている。

二十八日乙巳、相模国相模河橋が、数カ間朽損《きゅうそん》してしまった。そこで修理を加えるべきの旨を、三浦義村が提案した。北条義時《ほうじょうよしとき》・大江広元《おおえのひろもと》・三《み》善信《よしぜんしん》などが「群議」を行った。そもそもこの橋は、さる建久九年、稲毛重成が新造したものである。その「供養」をとげた日に、「結縁《けちえん》」のため、源頼朝が「渡御《とぎょ》」した。その帰り道、頼朝が「落馬」し、いくほどなくしてなくなられてしまった。稲毛重成もまた、謀略《ぼうりゃく》のかどで、誅《ちゅう》せられてしまった。これは「吉事《きちじ》」とはいえないであろう。いまさら再興しなくとも、とくに問題はないであろう、というのが、「一同」の意見であった。そこでその旨を源実朝《さねとも》に申したところ、そのおおせでは、

将軍(頼朝)が薨御《こうぎょ》されたのは、幕府を開いて政権をとること二〇年にして、官位《かんい》をきわめられたのちのことである。重成法師《ほうし》は、「己之不義《おのれのふぎ》」によって「天譴《てんけん》」をこうむったものである。いずれも、橋を建立したあやまちによるものではない。だから、この橋は、「不吉《ふきつ》」などというべきものではけっしてない。むしろ、この橋があれば、「二所御参詣要路」として、民庶が往反するわずらいもないことであろう。橋があることの「利」は一つに限ることではない。それゆえ、顛倒《てんとう》する以前に、早く修復を加えるべきである。

これ以前においても、承和《じょうわ》二（八三五）年六月二十九日の太政官符《だいじょうかんぷ》（『類聚三代格《るいじゅうさんだいきゃく》』）で、その流れが速いため渡し船の遭難が多かったことから、「相模国鮎川《あゆ》（相模川）」に「浮橋《うきはし》」をつくることが命ぜられていること、あるいは、一一八八（文治《ぶんじ》四）年正月に有力御家人など三〇〇騎を率いて鎌倉を出発し、伊豆箱根三島社《いずはこねみしましゃ》などに参詣しようとした源頼朝のために、三浦介義澄《みうらのすけよしずみ》の沙汰《さた》として、やはり浮橋を相模川に構えた事例（『吾妻鏡』同年正月二十日条）などがみられ、たぶん臨時の措置としてであろうか、相模川に渡河《とか》施設が設けられたことが確認される。しかしながら、それらはあくまで浮橋（船橋であろう）であり、その様態、ないし規模がまったく異なること、また、『吾妻鏡』に「新造」とあるように、それまでなかったものを建設したことからみても、稲毛重成の渡した橋は、画期的なものであった。

その架橋の目的が、稲毛重成の亡妻の追善《ついぜん》供養のためだったこと、その亡妻が、北条時政《ときまさ》の娘であったこともあわせて考えれば、この橋がとてつもない規模をもってかけられたことの意味も、容易に理解されるであろう。

一一九五（建久六）年六月二十八日といえば、ちょうど頼朝が二度目の上洛か

**▼美濃国青波賀駅**　青墓《あおはか》とも。現岐阜県大垣《おおがき》市青墓町。東海道の駅（宿）として栄えた。平治《へいじ》の乱《らん》に敗れ敗走する義朝《よしとも》が、子の朝長《ともなが》を殺したところとも伝えられ、その墓とするものが残っている。

**▼武蔵国小沢郷**　武蔵国多摩《たま》郡と橘樹《たちばな》郡にまたがる地名。稲毛荘《しょう》に属し、稲毛重成の所領だった。現在、稲城《いなぎ》市矢野口《やのくち》・大丸《おおまる》などから、川崎市にいたる、多摩川南岸の範囲にあたる。

ら鎌倉へ帰る途中、美濃《みの》国青波賀《あおはか》駅▲へ到着した日であったが、そこへ飛脚《ひきゃく》が到来し、稲毛重成の妻（北条殿《どの》息女）が武蔵《むさし》国で病が危急となった旨を伝えてきた。そこで重成は急ぎ下向しようとしたところ、頼朝が「駿馬《しゅんめ》一匹」を重成に賜ったことが『吾妻鏡』にみえ、その後、七月一日には、重成が武蔵国へ馳《は》せつき、「恩賜馬」が竜のごとく速いものだったので、その馬を「三日黒《みっかぐろ》」と号することになったこと、四日にはその妻がついに他界し、「別離の愁い」にたえなかった重成が出家したこと、九日には、北条政子が「稲毛女房他界」の軽服のため、比企能員《ひきよしかず》の家に渡御したことなどをみることができる。

そののち、稲毛重成は一二〇五（元久《げんきゅう》二）年六月に、北条時政とはかって畠山重忠《はたけやましげただ》を誅することになるが、それが謀略と判明して大河戸行元《おおかわどゆきもと》に討たれることになる（さきの「己之不義」）。だが、同年十一月三日には、重成の娘（すなわち時政の孫女）の、そのまた娘である綾小路三位《あやのこうじさんみ》（師季《もろすえ》）息女（二歳）が鎌倉へ下向《げこう》し、北条政子《まさこ》の「猶子《ゆうし》」となり、重成の遺領である武蔵国小沢郷《おざわごう》▲を賜ったこと、一二一八（建保《けんぽ》六）年二月四日には、北条政子が、一六歳になった「故稲毛三郎重成入道孫女」をともなって上洛しており、その目的の一つが、「土御門侍従通行《つちみかどじじゅうみちゆき》朝臣《あそん》」のもとへ彼女を嫁がせるためであったことなどもみえてくる。

以上から理解されるとおり、稲毛重成、そしてその妻女、またその孫女などが、「謀略」にもかかわらずきわめて高い地位を保持していたことが確認されるのであり、その一族の架橋も、はなはだ立派なものであったことを彷彿させるものといえるだろう。

以上を確認したうえで、もう一度この橋について注目すべきなのは、それが、亡妻の追善供養のために行われた事業であったこと、その完成を祝う儀式が「落慶供養《らっけいくよう》」であったこと、それに「結縁」するために頼朝が参加したことであろう。発掘調査などの結果から、これが異様なまでの規模をもっていたこと、また、それが人びとの通行にとってきわめて重要な意義を果たしていたことは、すでにみたとおりである。しかし、その素意《そい》や、頼朝の「結縁」、あるいはその「修復」について、「不吉」であるか否かの議論が行われ、その修復に否定的な意見がだされたところにこそ、むしろ、この橋がもつ宗教性・呪術性をはっきりと読みとることができるだろう。

## 紀行文の世界

『海道記《かいどうき》』は、一二二三(貞応《じょうおう》二)年に京都を出発し、東海道をへて鎌倉にいたり、また、帰洛《きらく》するまでの行程について記した紀行文であり、当時の交通のようす、具体的には東海道の光景を語る貴重な史料である。読み進めば、「洲崎《すざき》」などの呼称が各所にみえるなど、東海道が、その名のとおり、まさに海沿いのルートをとっていたことなどをうかがい知ることができる。そのルートはまた、多くの川によってさえぎられており、あるいは川を歩いて渡り、あるいは船に乗って越えるなど、旅人に多くの苦難を強いていたこともたしかである。それらの川のいくつかには橋があったことも知ることができる。

たとえばすでにふれた『東関紀行《とうかんきこう》』によれば、遠江《とおとうみ》国の橋本《はしもと》▲に宿した作者は、その宿が、軒の萱《かや》が古びてところどころまばらなため、月影がくもることもなくさしいるなかで、「夜もすがら床の下に晴天を見る」という詩歌《しいか》を口ずさんだ、少し「をとなびたる」遊女について記しつつ、そのかたわらにある浜名川《はまな》にかかっていた浜名橋について、

行《ゆき》とまる旅寝はいつもかはらねど　わきて浜名の橋ぞ過ぎうき

▼**橋本**　静岡県湖西《こさい》市大字浜名付近。浜名川には、古代以来橋がかけられており、その長さは、「五十六丈(約一七〇メートル)」(『三代実録《さんだいじつろく》』)ともみえ、かなりの規模を誇っていたが、そのたもとにあった東海道の宿。頼朝が上洛の際ここに立ち寄り、多くの遊女《ゆうじょ》が群参したこと、また連歌《れんが》が行われたことが『吾妻鏡』にみえるなど、相当栄えていたことがしのばれる。一四九八(明応《めいおう》七)年の大地震、一五一〇(永正《えいしょう》七)年の大津波などによって宿としての機能を失い、その地位を新居《あらい》に譲り、近世にいたった。

すなわち、いっては泊る旅寝は名残惜しいものであるが、とりわけて浜名橋は、そのままではとおりすぎにくいものだ、という歌からうかがえるように、それは、苦難を強いるだけではなく、「旅情」に感じいる場所ですらあった。

橋本について『東関紀行』は、つぎのように記す。

これまで噂に聞いてきただけあってその「景気（景色）」はすばらしいものがある。南には「海湖（遠州灘《えんしゅうなだ》）」があって魚舟が波に浮かんでいる。北には「湖水（浜名湖）」があって、人家が岸に連なっている。その間には、「洲崎」が遠くさしでており、そこにびっしりとはえた松に吹きつける嵐の風は、むせび泣くかのようである。その「松のひゞき、波の音」はいずれとも聞き分けるのもむずかしく、いく人の心をいため、宿泊する人びとの夢を覚まさないでおくということはない。

そんな〝景色〟のなかにあった浜名橋について作者は、

湖に渡せる橋を浜名となづく。古き名所也。

と書きとめたのであった。

橋本という地名も、たぶん、浜名橋のたもとということから来た、まさに名にしおう名称であったろうが、浜名湖にかかった橋も、相当の規模を誇っていたと考えてまちがいないだろう。まさに、「古き名所」の橋であった。

そして『海道記』には、三河《みかわ》国の宮橋《みやはし》なる橋も登場する。その規模は今となっては想像することもむずかしいものではあるが、その橋について、

宮橋と云所あり。敷双《しきならべ》のわたし板は朽て跡なし。八本の柱は残て溝にあり。

と記されていることに、さしあたり注目しておこう。なぜならば、関東大震災のおかげで希有にして現代にあらわれた相模川の橋脚ににたような姿を、中世人も、たしかにみていたのかもしれないからである。

だがそれ以上に、その作者が、ある橋を渡る際、

此橋の上に思事《おもふこと》を誓て打渡れば、何となく心も行様《ゆくやう》に覚て、

と記したことにこそ、注目すべきなのだろう。この言葉のなかから、中世人が橋に対してもっていた心意を、私たちは明確な形で聞きとることができるのだから。

●――奥大道の笠卒都婆(復元)



## 信仰の空間

このように、橋は、明らかに宗教的空間でもあり、その架橋は、おもに願主《がんしゅ》や民衆の喜捨によっていたことは明らかである。そしてそれは、なにも橋に限ることではなかったらしい。

平泉《ひらいずみ》の中尊寺《ちゅうそんじ》を中心として設定されたいわゆる奥大道《おくだいどう》は、著名である。その道は、白河《しらかわ》関から外浜《そとがはま》にいたるまで、二〇余カ日の行程である。その道の一町ごとに笠卒都婆《かさそとば》が立てられ、その面には金色阿弥陀像《こんじきあみだぞう》が図絵されていた。そして陸奥《むつ》国の中心に、藤原清衡《ふじわらのきよひら》が建立したのが中尊寺である。その山頂には一基の塔が立てられ、寺院の中央には多宝寺があって釈迦《しゃか》・多宝《たほう》像を左右に安置していた。その中間に「関路」を開き、「旅人往還之道」とした。(『吾妻鏡』文治五〈一一八九〉年九月十七日条)

沿道の塔婆《とうば》といえば、いわゆる熊野古道《くまのこどう》が著名であるが、白河関から青森県の外浜までというスケールの大きな街道沿いの一町ごとに金色阿弥陀像が図絵された笠卒都婆が立てられていた景観は、熊野といった聖地にかかわるものではなくとも、みち自体、きわめて宗教的空間であったことを明示している。

ところは変わって鹿児島県で、中世に明らかに新しいみちがつくられたとする史料がある（貞永《じょうえい》元〈一二三二〉年十一月二十八日関東下知状案〈『鎌倉遺文』六—四四〇七〉）。それは薩摩《さつま》国阿多《あた》郡を南北に分かつみちか否か、という相論《そうろん》の対象となったみちであったが、それはともかく、その新道とは、

当寺（観音寺《かんのんじ》）別当《べっとう》能登《のと》阿闍梨《あじゃり》公厳《こうげん》、亡母が孝養のため、去年この路を造出し、万本の卒都婆を造立するところなり、

と説明されたとおり、母の追善《ついぜん》のために建設され、やはり「万本」の卒都婆が立てられていたのである。規模こそ違え、その景観は相似したものであり、この場合も、明らかに宗教的目的でみちはつくられていた。

あるいは、港湾施設にしてもそうである。大輪田泊▲は、もともと「上下諸人」が行き交ってたえることがなく、「公私の諸船」が数知れず往還する「崎《さき》」である。が、つねに吹きつける「東南の大風」や、朝暮に変わる潮の流れは、しのぎがたいものであった。そこで平清盛《たいらのきよもり》は、みずからが「菩提《ぼだい》の道」にはいり、「四海《しかい》の静謐《せいひつ》」を思い、また「万国の歓欣《かんきん》」を求め、新しい島を築くなどしてその建設に着手したものであった（以上治承《じしょう》四〈一一八〇〉年二月二十日太政官符〈『山槐記《さんかいき》』同年

▼**大輪田泊**　神戸市湊《みなと》川河口付近にあった港湾。八世紀に、行基《ぎょうき》などによって修築され、その後、中央からも使節が派遣されるなどして維持された瀬戸内海交通の要衝の一つ。

三月五日条〉）。

また、鎌倉の湊《みなと》である和賀江島《わがえじま》は、一二三二（貞永元）年七月十二日に建設することが北条泰時《やすとき》によって決定されたが、それは、「勧進聖人往阿弥陀仏《かんじんしょうにんおうあみだぶつ》」の「申請」によるものであり、泰時の「合力《ごうりき》」、諸人の「助成《じょせい》」によって進められた（『吾妻鏡』同日条）。

その往阿弥陀仏は、一二三一（寛喜《かんぎ》三）年、「孤島」を築いて「往還の船」を助け「風波の煩《わずら》い」を休めたため、従来宗像社《むなかたしゃ》が修理用途としてきた「芦屋津新宮浜《あしやのつしんぐうはま》漂濤《ひょうとう》の寄物《よせもの》」、すなわち難破船《なんぱせん》などがなくなったと指摘されており（寛喜三年四月五日官宣旨、『鎌倉遺文』六―四一二一）、おそらくその前年、後堀河《ごほりかわ》天皇綸旨《りんじ》によって「孤島」を「鐘御崎《かねがみさき》」に築き、「行船風波の難」を助けることを許可された事業が完成したことを示すものであろう。その綸旨でも、彼はやはり「勧進聖人往阿弥陀仏」として登場するのであった〈寛喜二〔一二三〇〕年カ〉八月二日『鎌倉遺文』六―四〇〇八）。

この時代、橋のみならず、湊も、人びとの喜捨によってこそ成り立つべきものと考えられていたのである。

## ②―〝粗末〟な橋

### いろいろな橋

ところで、こうした橋の姿については、その呪術《じゅじゅつ》性を除くならば、現代のわれわれでも意外と簡単にイメージできるものであろう。街道《かいどう》などにかかる橋といえば、こんな姿をしていたのだろう、と。

すでにみた四条橋《しじょうばし》や宇治橋《うじばし》といった世に知られた橋は、擬宝珠《ぎぼし》、多くの橋脚、欄干《らんかん》、桁《けた》に直行して渡された膨大な板材などによって構成される。われわれがもっている橋のイメージにぴったりとくるものであり、多言は要しないであろう。

たとえば、勢多橋《せたばし》について、『石山寺縁起《いしやまでらえんぎ》』では、「東国《とうごく》の人」が公家《くげ》に訴訟を起こし、ようやく勝ちとった院宣《いんぜん》▲を勢多橋で川に落としてしまった「東国の人」の下人《げにん》についてのストーリーをおさめるが、『石山寺縁起』のこの段は橋尽くしの観もあり、院宣を落とした下人をはじめとして、多くの人びとが行き交ったであろう橋を描きだしている。また『聖絵《ひじりえ》』にはこのほか、巻五第三段に、常陸《ひたち》

▼**院宣**　通常の文書は、命令者から直接被命令者に宛てられるが、命令者の侍臣《じしん》が主人の意を奉じて作成した文書を奉書といい、そのうち、院の命令を伝えたものが院宣。院政《いんせい》期には、公的機能をもつものとして重視された。

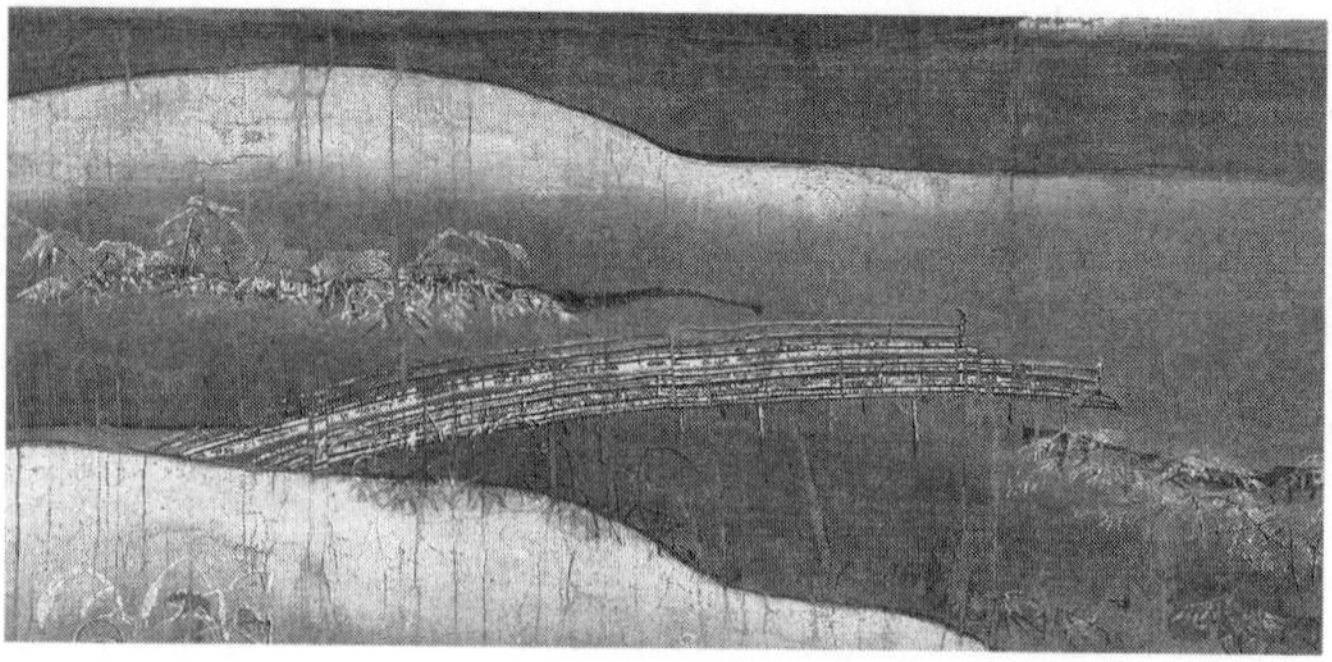

●——常陸から鎌倉へ向かう道筋の大きな橋（『一遍聖絵』）

から鎌倉《かまくら》へと向かう道筋にやはり大きな橋が描き込まれている（上図参照）。
あるいは、『慕帰絵詞《ぼきえことば》』に描かれた松島五大堂《まつしまごだいどう》の橋、『芦引絵《あしびきえ》』の宇治橋、『道《どう》成寺《じょうじ》縁起』の日高《ひだか》川にかかる橋などさまざまな橋をこのパターンにいれることができよう。

しかし、事態はさほど容易なことではなかった。それは、中世の橋がすべて、こうした規模、たとえば〝おうげの橋〟のように、人びとが一夜を明かすことのできるような規模をもっていたわけでもなかったからである。

そこで、ここではもう少し具体的な橋に注目していこう。まずは、絵巻物に描かれた橋である。中世の絵巻のなかには、現代のわれわれがあまりイメージしないような橋の一群が、たしかに描き込まれていたからである。

## m×n枚の橋

橋にはさまざまな形があった。もっとも単純なものとしては、溝などにかけられたもので、板や石をおいただけのきわめて簡単な橋である。それぞれ板橋《いたばし》や石橋《いしばし》などと呼ばれたものであろうが、いずれも構造らしきものをもたないものであった。

しかし、絵巻をめくっていくと、むしろそれほど単純なものでもなく、かといって、これまでみてきたような立派な橋ではない、一つのパターンが目に飛び込んでくるのである。これから注目していきたいのは、あくまで名の知れぬ人びとも歩いたであろう、名も知れぬ都市や街道の橋である。

そうした観点に立ったときもっとも雄弁な絵巻も、やはり『聖絵』であった。いうまでもなく一遍《いっぺん》はその生涯を旅に暮し、その事績を描いた絵巻にも、それこそ街道筋や都市・市《いち》・武家館など、さまざまなシーンが展開されているからであり、他の絵巻を圧倒している。

その『聖絵』のなかで、特徴的であり、またもっとも事例の多い橋が、板を流れに交差するように渡した、いわゆる板橋の一群であった。

その一つのパターンは、四隅などに杭を打ち込んで親柱とし、それに横木を結びつけるか、あるいは枘穴《ほぞあな》越しに横木をすえつけ、その上に板を渡して固定したものである。いたって単純な構造であるとはいえ、単に板や石をおいただけのものに比べれば構造らしきものをともなっていたことも事実である。むろん、勢多橋などとは比ぶべくもないが。

たとえば、次ページ上図は、『聖絵』の軽部《かるべ》の段に描かれた橋である。たしかに板を渡していることでは同様ではあるが、その四隅に杭《くい》状のものが打ち込まれている。にたようなものとしては、同じ『聖絵』下野国《しもつけのくに》小野寺《おのでら》の段にもみることができるし、その他類例は枚挙にいとまがない。

こうした橋のパターンには、板を何枚かならべた例もある。そうすれば幅が確保できたからであろう。二枚ならべたものとしては、『春日権現験記絵《かすがごんげんげんきえ》』、四枚ならべたものとしては、『平治物語《へいじものがたり》絵巻』にやや複雑な構造をともなう、このパターンにしては立派な橋もみることができる。さしあたり、これを「n枚の橋」と呼んでおこう(次ページ中・下図参照)。

橋の幅を広くするなら、このように複数の板を並列にならべればことはすむのだが、むしろ幅の広い川に長めの橋をかけようとすれば、板は並列ではなく、直列にならべなければならない。基本的には板橋を軸としながら、幅の広い川にかけられたもう一つのパターンであり、一枚、あるいは並列した複数枚の板を直列につなげたものがそれである。これをさしあたりm段に渡されたn枚の

## ●——n枚の橋

一枚の橋（『一遍聖絵』）

板を二枚ならべた橋（『春日権現験記絵』）

板を四枚ならべた橋（『平治物語絵巻』）

橋という意味で、「m×n枚の橋」と呼んでおこう。

次ページ上図は『聖絵』の播磨《はりま》国書写山《しょしゃざん》のシーンにみえる二段に渡された一枚の橋である。左側があまり鮮明ではないが、右側の橋と継ぎの部分に杭と板を支える横木がはっきりと描かれている。いわばさきにみた板橋の応用例であり、こうすることによって橋の長さをかせいでいたようである。といってもこの絵では、あまり長い橋という印象を受けない。これは、絵巻のデフォルメにもよると考えられるが、つぎの堀《ほり》川にかかった橋では、やはり相当長い橋であることを確認できよう。

それは『聖絵』の市屋道場《いちやどうじょう》にみえる橋である(次ページ中図参照)。都市京都のなかでさえ、このような板橋が三段つながれて渡されていたのである。堀川をイメージしながらこの橋を想像してみると、渡るとき相当にしなりそうな感じがするが、実際こうしたものがかけられていたのだろう。その下を筏《いかだ》がとおっていることからも、その橋脚が相当の高さをもっていたことを想定していいのではないだろうか。

さらに何枚かかっているのかもよくわからないが、やはり長い板橋は、『稚児《ちご》

●—m×n枚の橋

二段に渡された一枚の橋(『一遍聖絵』)

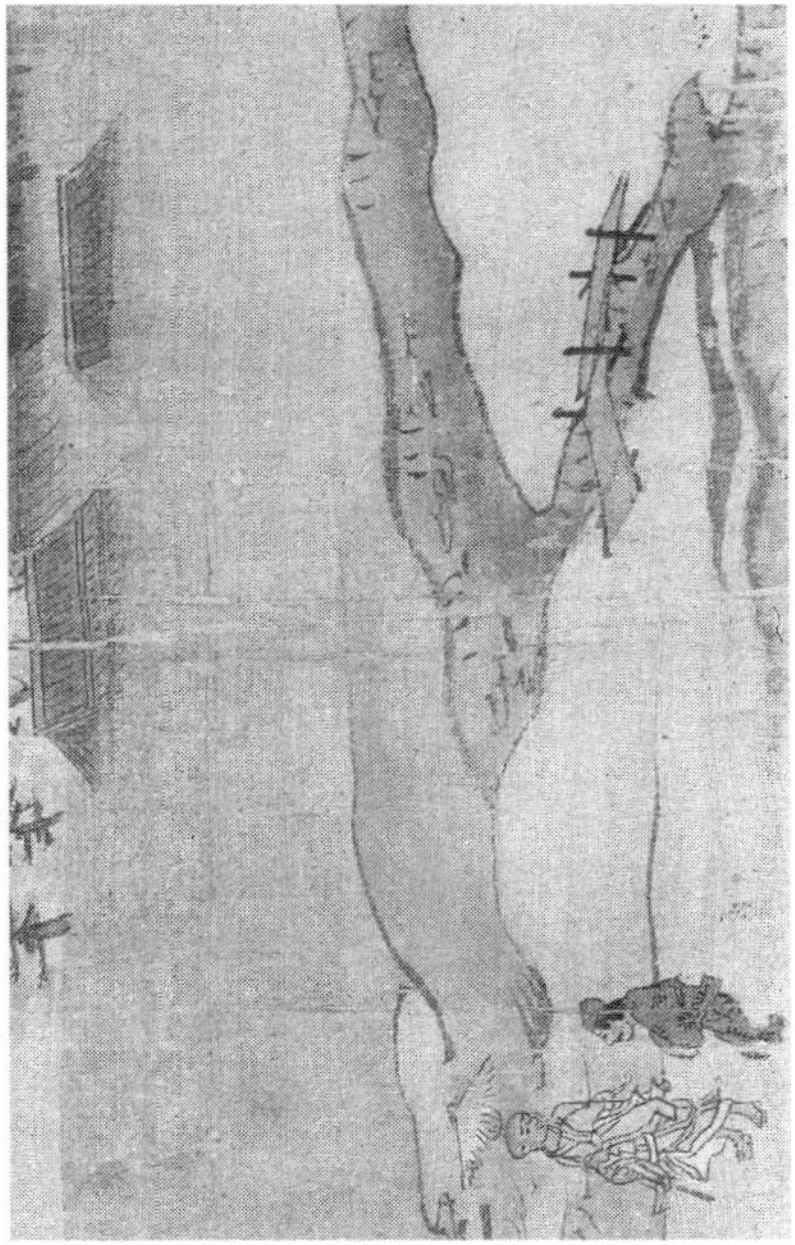

市屋道場の脇にみえる橋(『一遍聖絵』)

長い板橋(『稚児観音縁起』)

観音《かんのん》縁起』のなかにもみることができる（前ページ下図参照）。『日本の絵巻』の解説では、これについて「小さな橋が渡されている」としているが、どうして、これはかなり長い橋を絵師はイメージしていたのであろう。

これの橋幅を広げ、複数の板橋を何段にもつなげたものとしては、『聖絵』淀《よど》上野《うえの》の踊念仏《おどりねんぶつ》のシーンに、三段に連ねられた二枚の板橋に典型的に表現されている（四五ページ上図参照）。

絵巻をめくった場合、勢多橋をはじめとした立派な橋がいくつか目につくことも事実ではある。しかし、街道とおぼしき道にかけられた橋の圧倒的大多数は、このn枚の橋、あるいはm×n枚の橋であった。

## 淀上野の橋

こうした橋を検討してみた場合でも驚嘆させられるのが、『絵巻物による日本常民生活絵引』（以下『絵引』）である。さまざまな橋についてもすでに言及されており、こうしたテーマが、すでに議論の対象になっていたことには脱帽せざるをえない。

にもかかわらず、時間の問題でもあろうか、若干の疑問も指摘することができる。それはたとえば『聖絵』の淀上野での念仏踊りを描いた部分の風景についてである(四四〜四五ページ参照)。『絵引』では、まず画面に描かれた橋に注目する。そしてこの橋についてつぎのような説明をのせる。

橋の様子からして、この街道が主要街道でないことを物語っている。何故なら、橋がいたって粗末だからで、欄干も何もなく流れの向こう岸と手まえに橋桁《はしげた》をたて、それに板二枚をならべてのせて流れをこえるようにし、さらに地面へ斜めに二枚ならべている。洪水のため本橋が流れたあとの仮橋とも見られるがこのような橋は今日もいたるところに見られるものであるから単なる仮橋とも思えない。板をついで渡しているものであるから、継橋ともよばれるものであろうが、重要な街道でなければ、このような橋でも事足りた。(巻二・九一ページ)

だが、この橋を子細にみるならば、これが三段に渡した二枚の板によって構成された、三×二枚の橋であることは明らかである。それはともかく、『絵引』は、このみちが「主要街道」ではないことを、橋の分析から指摘しているのである。

井戸がみちばたに設けられたみち

三段に連ねられた二枚の板橋

●―淀上野の橋(『一遍聖絵』)

> 一方、『絵引』は、井戸がみちばたに設けられたみちについては、
> 街道の方は道ゆく人も多く、その人たちのためのいろいろの施設もなされており、ここに見えるような井戸の設けもその一つと思われる。……旅人の渇きをいやすためにつくられたものであろう。……こうした設備は街道すじにはなくてはならぬものであった。（巻二・九九ページ）

と指摘するのである。つまり、前者では橋が「粗末」だという理由で「主要な街道」ではないとし、後者ではみちばたの井戸に注目してこれが街道筋には不可欠のものであったことを指摘している。

しかし、両者の橋に注目して比較してみよう。すると、前者が三×二枚の橋であるのに対して、後者はもっとも単純な板一枚の橋であることは一目瞭然である。かりに橋だけを比較してみた場合、後者のほうが圧倒的に〝粗末〟だといえるのであり、前者はこれまでみてきたとおり、板を渡したn枚の橋のなかではかなりの規模を誇りうる橋なのである。

ところが、実際に『聖絵』をみてみると、このみちは、まったく同じ一本のみちであったことが判明するのである。それを一方は橋が粗末だから、また一方

には井戸がみちばたにあるからといって、それぞれのみちを性格を異なったものとして評価するのは、やはり矛盾しているといわざるをえない。

ところで、従来、中世の交通体系、とくに橋などの渡河《とか》施設については積極的な評価はみられず、平凡社『日本史大事典』の「橋」の項でも、「律令《りつりょう》制度の衰退にともない、交通路は荒廃し」、架橋技術の発達もあまりみられず、中世の旅人は渡河施設の欠乏に難渋したと指摘している。が、絵巻には〝粗末〟でたいした技術を用いないものではあったとしても、あちこちにn枚の板橋がかけられているのであり、このタイプの橋についてきちんと検討する必要があろう。そこで、さきのみちの風景を再点検してみよう。

まず左端のほうに三×二枚の板橋がみえ、その上を子どもを背負った女性が渡っている。左から来たみちの正面に、踊屋《おどりや》が設けられ、時衆《じしゅう》が踊念仏を行っている。周囲には二〇余人のギャラリーが描き込まれており、それだけ人が集まりうる寺院であったろう。注目したいのはその参道付近に数人の非人が座っていることである。彼らは一遍について来たものではなく、この地の一群とみるべきであろう。つまり、彼らはここで施行を期待できたのであり、この寺院

▼文禄堤　太閤《たいこう》堤とも呼ばれ、秀吉が伏見《ふしみ》城と大坂城を結ぶ最短ルートを淀川沿いに構築するため、毛利輝元《もうりてるもと》らの諸大名《だいみょう》に築かせたといわれる。現在でも、守口《もりぐち》市などにその跡が残る。

は相当の人を集める能力をもっていたことになる。この寺院は、多くの人がとおった街道に面していたのであった。

また、右の板橋(一枚の橋)近辺には、枌《おうご》をかついだ油売《あぶらうり》(これが街道をシンボライズするものであることはすでにふれた)、そのさきには柄杓《ひしゃく》によって旅路を象徴的に示した武士の主従もみえる。

ここにはほかにもいくすじかのみちがあるが、人がいるのはこのみちのみであり、歩く人びとや旅人のための施設によって、絵師《えし》はこれが街道であることを強くアピールしているのである。

詞書《ことばがき》にみえる「よどのうへの」という地名にも注目してみよう。上野は現大阪府枚方《ひらかた》市で、近世には淀川に平行して京街道が設けられていた。これは、豊臣《とよとみ》秀吉《ひでよし》による淀川左岸の文禄堤《ぶんろくづつみ》▲構築によって成立したみちであり、京都と大坂を結ぶ京街道という、まさに主要な街道であった。

では一遍の旅をみてみよう。一遍は一二八六(弘安《こうあん》九)年冬、石清水《いわしみず》八幡宮、ついで淀の上野、歳末に四天王寺《してんのうじ》にいたっている。つまり、淀川にそって南下して大坂に向かっており、細かなルートはともかく、この場面のみちが秀吉以前のいわば京街道を描いたものと考えることも十分に可能である。それゆえ、この街道には三×二枚の長い板橋もかかっていたのであり、〝粗末〟な橋であるから主要な街道ではない、とする必要はまったくない。

## 福岡市の橋

続いて、やはり『聖絵』のなかの有名な場面を取り上げよう。備前《びぜん》国福岡《ふくおか》▲の市である(次ページ図参照)。

備前国藤井《ふじい》▲の政所《まんどころ》▲で、吉備津宮《きびつのみや》神主の子息の妻が一遍に帰依《きえ》して出家《しゅっけ》した。それを知った子息は一遍を追いかけ、福岡の市で一遍に遭遇し、これに斬りかかろうとしたが、かえって一遍に帰依して本人も剃髪《ていはつ》した、というストーリーである。すなわち、この場面には藤井の政所と福岡の市、といった二つの地点がおさめられているのである。まずは、福岡の市に注目していこう。

市の手前に一筋の川が流れている。福岡の市ということであれば、この川は吉井《よしい》川であることはまちがいない(ずいぶん川幅が狭く描かれてはいるが)。福岡の市自体、東西に走る山陽道《さんようどう》と、南北に流れる吉井川の水運が交わる地点に設

▼**備前国福岡**　岡山市東区一日《ひと》市《いち》、瀬戸内市長船《おさふね》町付近に比定されている。中世の福岡荘の故地にあたり、山陽道と吉井川が交差する交通の要衝に位置し、一二五七(正嘉《しょうか》元)年には福岡市の存在が知られる。

▼**備前国藤井**　未詳。岡山市東区西大寺《さいだいじ》一宮《いちのみや》とする説と、岡山市東区藤井とする説がある。後者の可能性が高い。

▼**政所**　本来、三位以上の家におかれた家政《かせい》機関であったが、寺院などにもおかれ、諸政務を取り扱った。このほか、荘園《しょうえん》にもおかれており、年貢《ねんぐ》徴収などの荘務にあたった。

●——吉井川にかかる二枚橋（『一遍聖絵』）図の右端。

けられた、交通の要衝に位置する市であった。絵をみると、吉井川に係留された二艘の船と、人を乗せて川を走る一艘の船がみられ、まさに陸上交通と水上交通が、密接にかかわっていた市の存在をはっきりと示している。すなわち、『聖絵』に描かれた吉井川の二枚の橋（上図の右端）こそ、主要な街道であった中世の山陽道にかけられた橋そのものを表現していたのである。

いずれにしても、絵師にとって山陽道の橋は、こんなものとしてイメージされていたことはまちがいないだろう。

現代の人間にとって、橋といえば勢多橋をはじめとした類型を思い浮かべるであろうし、私もそうだった。しかし、改めて絵巻を繰ってみると、それは誤りだった。むしろそうした橋が少数派であり、n枚の板橋こそが各地を結ぶ重要な機能を担っていたのだった。ひるがえって、ベイブリッジクラスの勢多橋などを例外とした場合、中世を旅した人びとにとっても、橋といえば一般的にn枚の板橋を頭に浮かべたであろうことも、以上の点から明らかである。

中世の東国《とうごく》において、きわめて重要な街道であった鎌倉街道中《なか》の道が、東京都板橋《いたばし》区を通過していたと考えられていることも、実に示唆的であろう。

# n枚橋考

現在私は、川崎《かわさき》市に在住しているが、その付近に小さな橋があり、欄干部分にどうも義経《よしつね》と弁慶《べんけい》らしいレリーフ状の装飾がほどこされているものがあること、また、その近くに看板が立っており、つぎのような記載があったことに、若干の驚きを覚えた記憶がある。

　二枚橋の由来

治承《じしょう》四(一一八〇)年の秋、源《みなもとの》頼朝《よりとも》が平家《へいけ》を滅ぼそうと旗上げをした折に、弟の義経が奥州《おうしゅう》の平泉《ひらいずみ》から弁慶や伊勢《いせ》の三郎・駿河《するが》の二郎たちを従えてかけつける途中ここを通りかかり当時の橋が粗末なものであったので、弁慶たちが馬も通れる橋に造りなおした。その橋は丸太を並べた上に土を盛ってあり、横から見るとのし餅を二枚重ねたように見えるので二枚橋と名付けた、という言い伝えが残っている。

しかしながら、そもそもどうして義経たちがこのようなところをとおらなければならないのか、あるいは、丸太の上に土を盛ったら、どうしてのし餅を二枚重ねたようにみえるのか、といった疑問もあり、初めは、あまり注目してはいなかった。しかしあることをきっかけに、これをそれなりに真に受けてみようと思い立ってみると、実はこのみちがいわゆる鎌倉街道の支道であるらしいことが判明したのである。それによって、少なくとも前者の疑問は解消した。義経たちが本当にここをとおったかどうかはともかく、この道が鎌倉へも通じていたみちであったからこそ、このような伝承も生まれてきたのだろう。とはいえ、後者の疑問にはなかなか解答をだすことはできなかった。

ただ、考えてみれば、以前から私は三枚橋なる地名などの呼称があることを知っており、いったいどんな意味があるのか軽く考えてみた経験ももっていたのである。私が知っていた事例の一つが城下とも関連し、近くに初瀬川《はつせ》があったりしたことから、ほとんど思いつきで、もしかしたら「三昧橋」のなまったものかと思ってみたこともあった。だが、それでは二枚橋の説明がつかなくなってしまう。あくまでも〝二枚〟と〝三枚〟でなければ解釈は成り立たない。

もうお気づきのことであろう。これら二枚橋・三枚橋といった名称は、まさにn枚の橋を表現していたものであったらしい。もちろん確証などどこにもないし、証明する手立てなどあるとも思われない。だが、n枚の板によって構成

●——現在の三枚橋から狩野川をみる（沼津市）

されるのが中世の街道筋の橋であったことも考えあわせるならば、このように理解するのがもっとも妥当であろう。以下は、こうした解釈を前提とした議論である。

実際、地名辞典などを繰ってみると、そうした名称が結構存在することに、改めて驚かされる。紙数の関係もあって詳述することができないが、そのいくつかを例示してみよう。

現岩手県花巻《はなまき》市内に二枚橋がある。東側には南北に走る奥州街道がある。福島県川俣《かわまた》町の飯坂《いいざか》は、そのなかを通称相馬《そうま》街道がとおるが、そのみちはまた二枚橋道とも呼ばれた。それにつながる現福島県飯舘《いいたて》村二枚橋（旧二枚橋村）は、在飯坂村の南東に位置し、やはり相馬街道にそう。近世にこの街道の駄賃《だちん》を負担したところである。

また、現福島県会津美里《あいづみさと》町の本郷には、二枚橋の地字のほか、橋本《はしもと》・船場《ふなば》・本郷入口中道上《なかみちうえ》・本郷入口道上《みちかみ》・本郷道西《みちにし》・本郷道東《みちひがし》など、みちや水運にかかわる地字が残る。かつては下野《しもつけ》街道の駅所《えきしょ》であった。

このほか、現福島県白河《しらかわ》市関辺《せきべ》の二枚橋、現新潟県新発田《しばた》市の二枚橋もみえ、

●——箱根湯本の三枚橋



それぞれ街道筋であったり、あるいは近世に渡し船があったことが知られている。

もう一つ、現静岡県御殿場《ごてんば》市にも三枚橋があり、鮎沢《あゆざわ》川中流域に位置している。ここは、東海道足柄《とうかいどうあしがら》越えルートが通過する地点にあたる。

現神奈川県横浜市神奈川区三枚町はかつて三枚橋村と呼ばれていたが、中世の主要街道である鎌倉街道の幹線、下《しも》の道はこの付近を通過している。

現静岡県沼津《ぬまづ》市にも三枚橋がかかる（前ページ図参照）。狩野《かの》川河口近くの右岸にあたり、東海道にかかっていた橋が、三枚の石でできていたことに由来するという。鎌倉期には車返《くるまがえし》とも称され、東海道の宿駅《しゅくえき》として繁栄。一五七〇（元亀《げんき》元）年、小田原北条《おだわらほうじょう》氏の戸倉《とくら》城（静岡県清水《しみず》町）に対抗して武田勝頼《たけだかつより》が築いたとされる沼津城は、三枚橋城とも呼ばれていた。

また、神奈川県小田原市から箱根《はこね》を越える国道一号線の箱根湯本《ゆもと》駅の手前に、早雲寺《そううんじ》に向かい早《はや》川を渡っていく湯本元箱根線があるが、その橋が三枚橋である（上図参照）。このルートは近世の東海道そのものであるが、早雲寺の存在などから、これが中世から使われてきたルートであることはまちがいない。さら

●――現在の湯坂道ハイキングルート　相当の急坂でもある。

に、中世では、湯坂道《ゆさかみち》と呼ばれる北側のルートが主要ルートであったが、その場合でも、三枚橋で一度渡河したものと考えられている。いずれにしても、中世以来の重要な渡河地点であった。

さらに鎌倉に目を移すと、極楽寺《ごくらくじ》の切通《きりとお》しより鎌倉へはいった道は、やがて若宮大路《わかみやおおじ》を越え、大町《おおまち》大路を大町辻《つじ》で横切り、逆川《さかさ》を渡って名越《なごえ》の切通しに向かう。このルートをみただけでも、中世都市鎌倉にとっては大動脈の一つであったことは容易に想定されるであろう。その逆川にかかっていた橋がこれまた三枚橋である(次ページ上・中図参照)。

これは、中世の東海道筋にあたるものであるが、一方、小袋谷《こぶくろや》からさしあたり北に向かう鎌倉街道中の道にも、大船《おおふな》二丁目に三枚橋が存在する(次ページ下図参照)。みち自体は暗渠《あんきょ》となっているが、そのかたわらに現在でもその名を冠した小さな橋がかかっている。そしてこのルートをたどってくると行き着く一つが、自宅近くの二枚橋であった。

最後にきわめつけのものを一つ。舞台はとんで近江国《おうみ》である。

近江国のなかを南西から北東に中山道《なかせんどう》が走っている。近世でこそ、ここは純

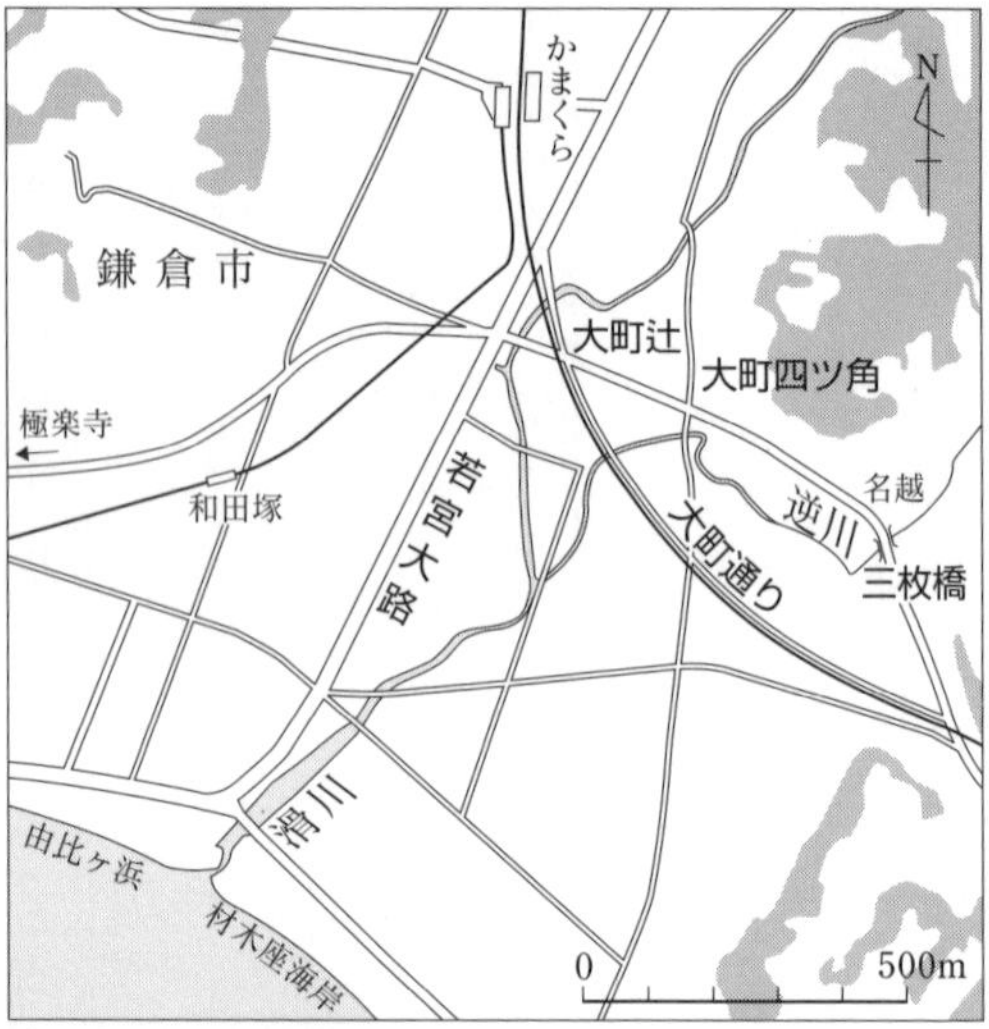


●――鎌倉周辺図

●――鎌倉の三枚橋

●――大船の三枚橋と周辺に残された中世の石造遺物

然たる中山道である。京都から勢多橋を渡って東へ来た東海道と中山道は、現在の草津《くさつ》市で分かれ、東海道は鈴鹿《すずか》へと向かっていく。しかし、中世では、近世の中山道筋を美濃《みの》までいき、そこから東海道へでて鎌倉へはいるのが、京鎌倉往還道のもっとも重要なルートであった。それゆえ、京を脱出し鎌倉へと向かった最後の六波羅探題《ろくはらたんだい》北条仲時《なかとき》▲一行も中山道を東進し、近江の番場宿《ばんば》(米原《まいばら》市)までやってきたところを包囲され、蓮華寺《れんげじ》で最期を迎えることになるのである。

その中山道のルート上、現在の近江八幡《はちまん》市のなかに、千僧供《せんぞく》村(現千僧供町)がある。隣接して長福寺《ちょうふくじ》村があり、現在ではこの名の寺院は存在していないものの、これらの地名は、過去にかなりの大寺院があったことをうかがわせてくれる。その千僧供をとおる中山道は、現在五〇〇メートルほどの区間がバイパスになっており、旧道はその南側にある。舗装されてはいるにしろ、なにやら過去の街道を感じさせる雰囲気が残っている。そしてその区間には、安楽房《あんらくぼう》・住蓮房《じゅうれんぼう》の墓と称する石造物や、その首洗い池と称するものがみちばたに保存されている。彼らは法然《ほうねん》の弟子で、法難《ほうなん》にあって処刑されたことは、たとえば

▼**北条仲時**　最後の六波羅探題。一三三〇(元徳《げんとく》二)年に鎌倉を発して六波羅探題北方《きたかた》に就任。後醍醐《ごだいご》天皇を捕え、隠岐《おき》に配流《はいる》するなどしたが、一三三三(正慶《しょうきょう》二)年、京都を攻め落とされ、光厳《こうごん》天皇などを奉じて鎌倉をめざしたが、近江国番場宿で反幕軍に包囲され、自刃《じじん》した。

●――六枚橋(近江八幡市)

『法然上人《しょうにん》絵伝《えでん》』の六条《ろくじょう》河原《がわら》における処刑のシーンなどで著名であろう。事実として、安楽房たちの首がここまで運ばれたのかはともかく、いずれにしても、中世の記憶を濃厚に保っているみちでもあったことは確かである。

その旧道とバイパスがふたたび交わるところに川があり、橋というよりはほとんど暗渠化されてはいるものの、そのたもとにははっきり「六枚橋」ときざまれている(上図参照)。交差点名やバス停の名前も「六枚橋」で、近くには「ホテル六枚橋」まである。

これがどういう形をしていたのかは断定できない。単純に六枚の板が並列でならべられていた可能性もあるし、あるいは、二×三枚、三×二枚の橋だった可能性もある。たとえば、進士五十八・出来正典「造園橋にみる環境における橋の形と意味」によれば、仙洞御所《せんとうごしょ》の庭園にある三×二枚の石橋《いしばし》が六枚橋と呼称されているようである。ただ千僧供の場合、現状では川幅が約二メートルとたいした規模ではなく、なにも板を三段に渡す必要も感じられない。ここでは、中世の大動脈にかかった板六枚をならべた大規模な橋とでも想像しておく以外なさそうである。

## 忘れられた橋

以上、n枚橋の事例をいくつかあげてきた。いずれの事例も街道と密接にかかわったものだったことはまちがいない。絵巻に示された中世の橋と、現代まで伝承された橋にかかわる名称は、こうしてくしくも一致していた。だが、その名称の由来は完全に忘れ去られ、はるか過去の記憶になってしまったようである。

群馬県太田《おおた》市にある三枚橋は、近世初頭の人物である天笠治朗衛門《あまがさじろえもん》のあまりに大きな記憶の影になり、となりにある「じろえんばし」とともに人びとの記憶に残ってしまったらしい。治朗衛門は、たしかに交通の便のため、新田堀《しんでんぼり》に大きな石を渡して橋としたらしいが、これに引きずられ、三枚橋もこの地帯が湿地帯だったため、あちこちに三つの石橋が渡されていたのだ、と伝承されている。そこではならべた板三枚はおろか、これが中世の鎌倉道の一つであったということさえ語られることはなかったのである。事実は、完全に忘却の彼方にうずもれてしまっていた。

さらに、きわめつけとした近江八幡市の六枚橋も、地元では、昔、田んぼの

●──矢作川《やはぎ》にかかる板橋（岩手県陸前高田市）

なかを川が流れており、それを渡るために、あちこちに六本の橋がかけられていたからこのように呼ばれた、と説明されている。現在でもトラックなどの車が頻繁に行き交う中山道ではあるが、地元の人たちにとって、六枚橋は中山道という街道とも切り離され、田んぼにかけられた多数の橋としてのみ伝承されたにすぎない。かつて、数百騎を率いた北条仲時が、もしかしたら渡っていたのかもしれない橋であり、また、そのような大量の移動を可能とするためであろうか、六枚もの板がならべられていたかもしれない大規模な六枚橋のイメージは、けっして語り継がれることはなかったようである。

最後に、東京都小金井《こがねい》市の野川にかかる二枚橋について。この橋については、二つの芝居がかった伝承が残っているが、ここではそのうちより古い形を伝えていると思われるものをあげよう。

昔この里に貧しい小作人の娘がいた。娘は野川を隔てた隣村の庄屋《しょうや》の息子と恋に落ち、野川にかかる木橋で逢瀬《おうせ》を重ねるようになった。それを聞きつけた庄屋は、怒りにまかせ息子を土牢《どろう》に閉じこめ、娘は里人たちに手足を縛られ丸木橋近くの川底に投げ込まれてしまった。この深い恨みから、

●—気仙《けせん》川にかかる板橋（岩手県住田町）

娘の魂はやがて蛇と化身し、丸木橋の下に住み着き、橋に化けてはそこをとおる里人たちを惑わし、川底に引きずり込んだ。この幻の橋に恐れおののいた人びとは、この橋を二枚橋と呼ぶようになった。

この二枚橋について、この辺りにはほとんど家もなく広々とした武蔵野《むさしの》の野原で、犬・猫・牛・馬の死骸のすて場のあった不気味な場所だった、としているもう一つの伝承は、まさに橋の境界性を語ってあまりあり、中世的な橋の意味が語られていよう。が、いずれにしても、近世の段階で、この橋についてもn枚橋の記憶が失われ、その名称に付会するための話が形づくられていたことはまちがいないのである。n枚橋を複数の橋があったとする点では、叙上の事例と共通するものであり、その伝承とはまったく別の意味で、まさに幻の二枚橋であった。

逆にいえば、その由来はともかく、人びとは中世にはあったはずの橋の名前を確実に語り伝えてきた。名称としては希有な一枚橋を除くと、通常一枚の板を渡せば事たりるものを、街道であり、人びとの往反《おうばん》が盛んであったためあえて複数の板を渡した橋が、特別なものとして記憶されたのだと考えることは、きわめて容易であろう。もともと橋の名前であるから、地名などとはなりにくかったとは思われるが、それでも橋の名称として、あるいは橋自体が失われてしまった場合でも、バス停や交差点名としてかたくなにまでその名称は守り伝えられてきた。場合によっては、記憶が失われてしまったその由来を語るため、あらたな〝神話〟が形づくられることすらあったことは叙上のとおりである。たしかに〝粗末〟にみえるかもしれないにせよ、それほど、中世のｎ枚橋は、〝記念〟し〝記憶〟すべき存在でもあったのである。

# ③—橋と中世のみち

## 二枚橋

以上のように、いわゆるn枚橋は、中世の街道筋《かいどう》にかかっていた橋を、むしろ代表するような存在であった。名称はともかく、それは、近世には忘れ去られ、あらたな牽強付会《けんきょうふかい》の説明が加えられてきたことも、すでにふれたとおりである。

では、そうしたn枚橋呼称から、中世の古道《こどう》を探っていくことはできないのだろうか、というのが、つぎのテーマである。出発点は、さきにふれた自宅付近の二枚橋である。

この小さな橋について、丸太をならべた上に土をしいたため、のし餅を二枚重ねたようにみえることから、二枚橋と名づけた、という伝承があり、それ自体は、およそ信ずるにたらないものであることはすでにふれた。だが、その名称、および、「頼朝《よりとも》が平家《へいけ》を滅ぼそうと旗上げをした折に、弟の義経《よしつね》が奥州《おうしゅう》の平泉《ひらいずみ》から弁慶《べんけい》や伊勢《いせ》の三郎・駿河《するが》の二郎たちを従えてかけつける途中ここを通りかかり」という部分については、もしかして、いかしていけるのではないだろうか。

むろん、実際に一一八〇(治承《じしょう》四)年に義経たちがここを通過した、という意味ではない。このみちが、鎌倉《かまくら》へと通ずるみちであったという記憶があり、それがこのような伝承を生んだ、という観点からである。

次ページ図は現在の道路地図の一部である。みてわかるとおり、みちは南北に連なっている。北上していけば、やや紆余曲折はあるものの、矢野口《やのぐち》で多摩《たま》川に接し、橋を渡れば調布《ちょうふ》市にでることができる。しかし、問題は、二枚橋をすぎた南側すぐに、いわゆる津久井道《つくいみち》(世田谷《せたがや》通り)が走り、その交差点が丁字路となっているため、それ以上南下することができない点である。それゆえ、この看板をみたとき、私はとるにたらないものとして、あまり注視することはなかったのである。もちろん、義経伝承が残ること自体については、いささかの興奮は覚えたものではあったが。

ところが、地図をよくみてみると、あるいは実際に現地を見回してみると、津久井道、そしてそれに平行して走る小田急《おだきゅう》線の上に、歩道橋がかかってい

●—二枚橋周辺の中世のみち（川崎市）

ることに気がついた。たしかに車などはこれ以上南下することはできない。だが、現在でこそ津久井道と小田急線によって分断されているものの、歩行であれば、歩道橋を越え、さらに南下可能な実に細いみちに、接続していたのである。

ためしにこのみちを道沿いに南下していってみよう。すると、途中には丘のほぼ最高部付近に、通信用のパラボラアンテナ塔が立っている。樹木などがなければたぶん見晴らしもいいだろうこうした場所に立つアンテナ塔も、中世のみちを探る一つの目安になることがある（そのアンテナ塔に隣接しては、今でも小さいながら自然とおぼしき一角が残されており、そこには第六天宮《だいろくてんぐう》がまつられ、文化年間〈一八〇四〜一八〉に再建した旨の石塔も残っている）。

さらに進むと、丘がとぎれ、相当な絶壁となっている地点に行き着く。そこには、「王禅寺《おうぜんじ》見晴し公園」なるごく小さな公園があり、見通しのいいときには相当な眺望が期待できるのであろう。なかには、眺望台があり、「眺望案内図」も掲示されている。富士山《ふじさん》や大室山《おおむろやま》はともかく、箱根《はこね》の駒ヶ岳《こまがたけ》とならんで、さきにふれた芦之湯《あしのゆ》付近の、中世石仏群で有名な二子山《ふたごやま》までが図示されているのには、驚かされる。

眺望はともかくとして、公園の入り口にいってみると、また看板があった。

地名　鍋ころがしの由来

その昔、当地川崎《かわさき》市麻生《あさお》区百合丘《ゆりがおか》三丁目、バス停「団地坂上」付近は、「鍋ころがし」と呼ばれていたようである。

それは「義経・弁慶がこの地にさしかかり、弁慶が馬と共に急な坂を越す際、馬が足を滑らせて弁慶があやうく落馬しそうになった。その時、鞍の後につるしてあった鍋のひもが切れ、鍋は断崖を落ち谷底に消えていった」との伝承に由来する。

と、ここにも義経・弁慶が登場する。もっとも、その真偽はおいておくにしても、である。なお、近くには「八幡の森跡」という看板もみえる。

さらに近くには「弘法《こうぼう》の松」なる、意味深な交差点もあるが、この辺まで来ると、宅地開発の波に飲み込まれ、道筋がよくわからなくなってしまうのは残念である。が、この先、いわゆる横浜上麻生道路に接続して、近代以降は横浜へ、それ以前は、たぶん鎌倉までたどりつけたことはまちがいないところであろう。

つぎに、二枚橋を北上してみよう。

しばらくいくと、やはりかなり急な坂道にたどりつく。その辺にうっそうとしげる木々のため、辺りはかなり暗くなる。まさに中世的「暗闇坂」の観を彷彿させる。その坂を登り切ると、右側にはよみうりランド遊園地が広がるが、それは無視して坂をおりてみよう。ややいくと、右手に威光寺《いこうじ》という寺院がみえてくる。ここは『吾妻鏡《あずまかがみ》』でもでてくる寺院の名称と同一なので、その可能性も指摘されているが、どうもそうではないらしい。寺自体は江戸時代の創建と伝え、境内《けいだい》にある庚申塔《こうしんとう》は、稲城《いなぎ》市内でも二番目に古いもので、市指定文化財に指定されている。さらに奥にいけば、新東京百景の一つに選定された弁天洞窟《べんてんどうくつ》がある。ここは、蠟燭《ろうそく》を手にして奥のほうまでいくと弁天池にたどりつくが、いかんせん、窟内は相当暗く「暗闇坂」どころの騒ぎではない。

しかし境内にはいってもっとも驚かされるのは、庚申塔とならんで立っている五輪塔《ごりんとう》の存在である。巨大というほどではないが、この辺にある五輪塔にしてはかなり大きなほうにはいる。紀年銘などはみえず、また、水輪《すいりん》(下から二番目の球形のような部分)が天地逆なのではないか、という印象を強く受けるものの、これはまちがいなく中世のそれであり、火輪《かりん》（上から三段目の横からみると二等辺三角形のようにみえる部分）の形からいって、鎌倉時代のものとしても、けっしておかしいものではない。

実はさきにもふれた弁天洞窟は、もともと横穴墓《おうけつぼ》であることが知られており、ここは古くから、そうした意味での霊地ととらえられていたらしい。だから、威光寺自体は比較的新しい存在でも、そうした墓穴、あるいは五輪塔などの石造遺物があってもけっしておかしくないのである。まさにこのみちが、中世以来のみちであることを示す、重要な手がかりとなる。

さらに北上してみよう。すると今度は左手に、臨済宗《りんざいしゅう》の寺院、妙覚寺《みょうがくじ》をみることができる。これは室町時代、足利義晴《あしかがよしはる》▲の開山《かいさん》と伝える。これはこれで、中世にもさかのぼる貴重な寺院である。みちから石段をのぼって本堂前にいくと、その脇に、小さいながらも五輪塔の火輪や、また、やはり中世の石造遺物である宝篋印塔《ほうきょういんとう》の笠の部分が、重ねておいてあったりして、ここが確実に中世までさかのぼることを示してくれている。

だが、この寺院もそれにはとどまらなかった。さらに石段をのぼっていくと、

▼**足利義晴**　一五一一〜五〇年。室町幕府第十二代将軍。近江に生まれ、播磨にくだって育つ。大永元（一五二一）年、管領細川高国に迎えられて上洛し、将軍となる。以後、近江・京都・近江と居所を移し、近江坂本で没した。

●—みちの先を流れる多摩川(東京都調布市付近)

鐘楼《しょうろう》の脇に、稲城市内では最大(高さ一一二センチ)の板碑《いたび》が立っているからである。それは、秋の彼岸《ひがん》の中日に、道秀《どうしゅう》なる人物が逆修供養《ぎゃくしゅくよう》のために建てたことが銘文に記され、阿弥陀三尊《あみださんぞん》の種子《しゅじ》・円光《えんこう》・蓮台《れんだい》も彫り込まれたもので、「享《きょう》徳《とく》三(一四五四)年」の紀年銘をもつ。大きさといい、保存状態のよさといい、この辺では非常にまれな存在である。いずれにしても、この板碑も、このみちが中世に起源をもつことを明瞭に語っているのであった。

このみちをさらに北上すると、西におれて府中《ふちゅう》に向かうか、あるいは矢野口で多摩川を渡るかいずれかの道筋をいくこととなる。

かりにここでは後者をたどってみよう。すると、矢野口の多摩川原橋ができる前には、やや上流を渡河したことは、明治の迅速図《じんそくず》から知ることができる。そして、その先は調布飛行場などがあってみちが湮滅《いんめつ》していて明確ではないものの、実は、これまたすでにふれた、小金井《こがねい》市の野川にかかる二枚橋に行き着くのであった。

## 八ツ橋

もう一つだけあげておこう。今みた二枚橋も、私にとっては身近なものであるが、今度は、身近だった存在を一つ。

私の勤務先の大学のキャンパスがかつて厚木《あつぎ》市内にあった。駅からえんえんとバスでいかなければならなかったこともあり、私は車でかようことのほうが多かった。そのキャンパスの近くを恩曽《おんぞ》川なる川が流れ、今では暗渠となって流れをみることすらかなわないものの、小さな橋状のものがあり、その近くのバス停名が、「八ツ橋」であった。

八ツ橋（八橋・矢橋・矢馳なども書き、読み方も多様）は、愛知県知立《ちりゅう》市のものが歌枕《うたまくら》にもなっていて著名であるが、それは、n枚橋の一バリエーションであった。通常数枚の板を渡せばいいにもかかわらず、川幅が広かったり、流路がいくつにも分かれていたり、あるいは湿地帯であったりした場合、多くの板を渡す必要があったところから、この名称となったらしい。もともと日本語において、八百万《やおよろず》の神、あるいは八百八町《はっぴゃくやちょう》の語が示すとおり、数詞「八」は、最大の数を示すものであり、いくつかわからないが、とにかくたくさんある状態を「八」で示すことが多かった。だから、八ツ橋は、それこそ多くの板がかけられた橋を意味していたのである。もちろん、八ツ橋は、銘菓の名称にもなっていたり、と、それ自体が著名でもあり、必ずしも中世の橋の遺称であるとは限らず、それぞれ検討が必要であることは付け加えておきたい(それは、n枚橋の場合もしかりではあるが)。

そんなこともあり、また、このみちが式内社《しきないしゃ》の小野《おの》神社の前をとおっていることも含め、気になるみちであったことはたしかである。

が、あるとき、必要に迫られてタクシーに乗ったとき、運転手さんと、「このみちにはいやに寺院が多いなどかなり変わったみちだ」、とか話がはずんでいるなかで飛びだした、つぎのような運転手さんの発言には、腰をぬかしそうになったものである。

このみちはもともと細いみちで、農道でしたけどねえ。あの「列島改造」のおかげで車でも楽にとおれるようになりましたけど。いやあ、地元ではこのみちを鎌倉街道っていってるんですがねえ。

もう、多言は要しないであろう。以下、略述するにとどめたい。

南へ進んでみれば、比較的近いところに「権現堂《ごんげんどう》」なるバス停がある。この呼称については、のちにふれることになるだろう。

さらに南下すると、伊勢原《いせはら》市内まで、確実にみちを確認することができる。そこで、ある大病院の敷地内に紛れ込んだと思われ、判然とはわからなくなるが、いずれにせよ、平塚《ひらつか》へ、あるいは大磯《おおいそ》までぬけていくみちであった（そのいずれにも、時期は異なるが、相模国府《さがみのこくふ》▲があったことにも注目したい）。

北にいってみよう。白山《はくさん》神社の脇をぬけたこのみちは、「六堂辻《ろくどうつじ》」（六道辻であろう）というバス停を越え、「及川《おいかわ》富士塚」なるバス停もとおり、やがて、中津《なかつ》川を渡ることになるが、その橋が「才戸橋」である。この名称も、字もバラバラで、読みも「さいど・さえど・さやど・さいと」など多様であるが、本来「道祖処」の意味で、また、「柴灯・斎灯」などにも通じ、やはり、交通と密接にかかわった呼称であった（道祖神《どうそじん》《さえのかみ》については後述）。別に橋に限ることはないのだが、こうした呼称もまた、古道を探る大きな手がかりとなっている。だが、きわめつけはその北側にあった。

才戸橋を渡り、若干の紆余曲折をへたのち、みちは、相模川を現在の昭和橋

▼**相模国府**　古代律令国家においては、海老名《えびな》にあったが、その後、平安期には、平塚、ついで大磯に移転したと考えられている。大磯の国府本郷などで毎年五月に執り行われている国府祭《こうのまち》、そのなかで繰り広げられる座問答《ざもんどう》は著名。

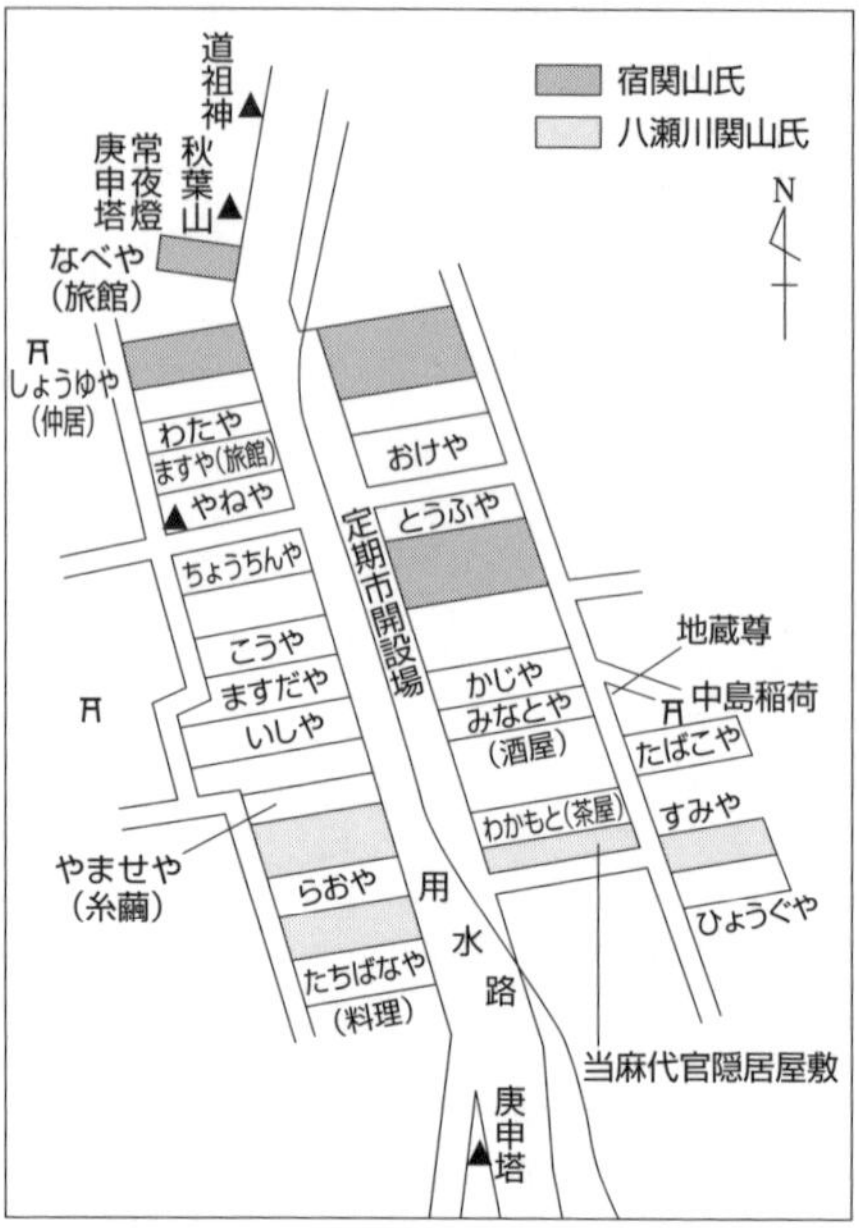


●──当麻宿復元図(柿沢高一原図。『相模原市史』第1巻による)

●──ハツ橋周辺図

●──当麻宿(地図資料編纂会編『明治前期関東平野地誌図集成』による)

▼他阿真教　一二三七〜一三一九年。時宗の開祖一遍に師事。一遍の没後、知識として遊行を続けたが、相模国当麻無量光寺で没した。

●──当麻宿の家並（一九六四〈昭和三十九〉年撮影）



で渡ることになる。この橋もその名前からわかるとおり新しいもので、やはり以前は歩行などで渡っていたらしい。そして渡った先が当麻《たいま》である。

　実は、この相模川に一番近い北岸一帯に広がる集落は、後北条氏《ごほうじょうし》時代に築かれた当麻宿《しゅく》の名残であり、当時の古文書に登場する人物と同じ苗字の家が、今でも多くならんでいることには本当に驚かされる。かつては、このみちの上で当麻市《いち》も開かれており、まさに、戦国時代にまで確実にさかのぼりうる光景が、そこには広がっているのであった。

　それだけではない。若干北上して、相模川の河岸段丘の二段目にあがると、一三〇四（嘉元《かげん》二）年他阿真教《たあしんきょう》▲の創建と伝える時宗《じしゅう》の名刹《めいさつ》、無量光寺《むりょうこうじ》がある。ここは一遍《いっぺん》が巡錫《じゅんしゃく》した地とも伝えられ、まさに交通と密接にかかわった場であった。寺の背後の墓地のなかには、鎌倉期以来の紀年銘をもつ宝篋印塔が、それこそ列立しており、ここがそうした時代からの信仰の中心地であったことは、疑いを挟む余地はない。

　さらにその西側の同じ河岸段丘上には、天満宮《てんまんぐう》を中心とした市場集落が、みち沿いに形成されている。ここも、後北条氏の当麻宿が建設される以前の当麻

●──無量光寺に残る宝篋印塔の一つ　鎌倉末期の紀年銘をもつ。

宿、あるいは市のあった場所と考えられており、このみちの歴史はきわめて古いものであったのである。

以上、二つの事例について紹介するにとどめた。一方は二枚橋、一方は八ツ橋であったが、いずれにしても、これらの呼称を基点に歩いてみると、それらがたしかに中世にまでさかのぼりうるみちであったことが確認できた。広義のｎ枚橋呼称は、その意味でもたいへん有効なものだったのである。身近にそんな呼称はないだろうか。あれば、是非とも歩いてみることをお勧めしたい。

# ④―都市鎌倉とその周辺――中世的都市

## 水辺の空間

引き続いて、中世の都市にも注目していこう。この場合も、みちとの関わり合いから探っていくこととしたい。

中世の京都で注目しなければならないのは、鳥羽《とば》・白河《しらかわ》といった水辺の空間が、あらたな都市として発展していったことである。

白河は、鴨川《かも》を越えた京《きょう》の東側に広がる空間で、白河天皇が法勝寺《ほっしょうじ》を建立したのを契機とし、以後、六勝寺《ろくしょうじ》や、院御所《いんのごしょ》などの建物群で構成された院政権の拠点であった。そのうえ、白河は、鴨川を渡り、粟田口《あわたぐち》をとおり、逢坂《おおさかの》関《せき》、近江《おうみ》と進み、東国《とうごく》へ向かっていく、いわゆる東海道《とうかいどう》・東山《とうさん》道の京都における出入り口の役割を果たす地でもあった。

また鳥羽は、鴨川と桂《かつら》川の合流点の北側に位置するが、ここには鳥羽津《つ》があり、また、平安京から南に直進する鳥羽街道＝作道《つくりみち》が合流する、まさに水陸両交通の重要な結節点であり、京から西国《さいごく》への出入り口の役割を果たした、交通の拠点でもあった。

　こうした中世のあらたな都市がこのようなロケーションに建設されたこと自体、中世の社会のあり方を雄弁に語るものであった。それは、中世が、交通の時代であったこと、その一つには、首都と鄙《ひな》との交流がきわめて活発化したことを、明瞭に示しているからである。むろん、これは中世の一面を示したにすぎないが、日吉神人《ひえじにん》▲などが、広く各地に移動するなど、きわめて重要な一面でもあった。

　たとえば『庭訓往来《ていきんおうらい》』に、「大津坂本《おおつさかもと》の馬借《ばしゃく》、鳥羽白河の車借《しゃしゃく》」と、鳥羽・白河ともに、運輸業者たる車借の拠点として描かれたことも当然のことであった。ついでながら、坂本は、現滋賀県大津市であり、その名のとおり、琵琶湖《びわこ》水運の一大港湾として機能していた。

　こうした中世の交通の拠点である津・泊《とまり》・湊《みなと》・渡《わたし》・宿《しゅく》、あるいは市《いち》といった場が、海辺あるいは河川などと陸上交通の結節点をはじめとした各所に設けられ、それぞれが都市機能を果たす「都市的な場」として存在していた。

　そうした中世の水運・海運を語るものの一つとして、『廻船式目《かいせんしきもく》』▲をあげるこ

**▼日吉神人**　近江国《おうみのくに》日吉社《ひえしゃ》に属し、延暦寺《えんりゃくじ》などの権威を背景にして活動した神人。諸国往反の特権などを利用し、京都や近江坂本《さかもと》・大津《おおつ》などを中心としつつ、北陸をはじめ、諸国で商業・高利貸業などに従事した。土倉《どそう》のほとんどが、彼らの経営によるものだったとみられている。

**▼『廻船式目』**　日本でもっとも古い海事法で、積荷の補償、漂着船の処置などについて規定。一二二三(貞応《じょうおう》二)年の記載もあるが、戦国期のものと考えられている。三津七湊とは、それぞれ、安濃津《あのうづ》(三重県津市)・博多《はかた》津(福岡市)・堺《さかい》津(大阪府)、越前三国湊《えちぜんみくにみなと》(福井県坂井市三国町)・加賀本吉《かがもとよし》湊(石川県美川《みかわ》町)・能登輪島《のとわじま》湊(石川県輪島市)・越中岩瀬《えっちゅういわせ》湊(富山市)・越後今町《いまちょう》湊(新潟県上越市)・出《で》羽《わ》秋田《あきた》湊(秋田市)・津軽《つがる》十三《とさ》湊(青森県五所川原市十三)である。

とができる。そのなかに、主要な港湾として三津七湊《さんしんしちそう》が列挙されている。
その詳細については割愛せざるをえないが、いずれにしても、中世の都市が交通と密接にかかわっていたこと、それも、水・陸の両方との結節点でもありえたことに注目したうえで、中世都市鎌倉についてみてみよう。

## 奥州へ

『吾妻鏡《あずまかがみ》』文治《ぶんじ》五（一一八九）年七月十七日条の著名な記事から取り上げよう。この記事は源《みなもとの》頼朝《よりとも》が平泉《ひらいずみ》を攻めるときの作戦会議の場面を記録した部分で、その冒頭は、「奥州《おうしゅう》に御下向《げこう》あるべきの事、終日沙汰《さた》を経らる、この間三手に相分かたるべし」から始まる。つまり、奥州下向について一日中会議を開いた結果、三方面に部隊を分けようということになったのである。

その三方面とは、まずは「いわゆる東海道大将軍、千葉介常胤《ちばのすけつねたね》、八田右衛門《はったうえもんの》尉《じょう》知家《ともいえ》、おのおの一族等ならびに常陸《ひたち》・下総《しもうさ》国両国の勇士らを相具し、宇《う》大《だ》・行方《なめかた》を経、岩城《いわき》・岩崎《いわさき》を廻り、遇隈河（阿武隈《あぶくま》川、以後この表記に改める）の湊を渡り参会すべき也」とあり、これが第一の部隊、東海道軍である。第二の部隊は、「北陸道《ほくりくどう》大将軍、比企藤四郎能員《ひきとうしろうよしかず》、宇佐美平次実政《うさみへいじさねまさ》らは、下道《しものみち》を経、上《こう》野国高山《ずけのくにたかやま》・小林・大胡《おおご》・左貫《さぬき》らの住人を相催し、越後《えちご》国より出羽《でわ》国念種関（鼠《ねず》ケ関《がせき》）に出て合戦《かっせん》を遂ぐべし」とあるように、いわゆる北陸道軍であり、目標はさしあたり出羽国であった。

ついで記載されたのが、頼朝の本隊で、それには「二品《にほん》（頼朝）は大手《おおて》中路《なかのみち》より御下向あるべし。先陣畠山次郎重忠《はたけやまじろうしげただ》たるべきの由《よし》、これを召し仰す」とある。行軍の重要な目的地が平泉であることはいうまでもないが、第二の部隊が日本海側の鼠ヶ関にでていることからもわかるように、奥州だけではなく、羽《う》州《しゅう》を含めた非常に大規模な戦争、坂東《ばんどう》対奥羽《おうう》ともいえるような戦いであったことを、この記事だけからでもうかがい知ることができる。

## 東海道

ここで、さしあたり東海道軍の動きに注目してみよう。『吾妻鏡』には、東海道大将軍の部隊は宇大・行方をへて岩城・岩崎をめぐると書かれているが、宇大・行方とは福島県北部に地名が残り、岩城・岩崎は福島県いわき市にあたる。

つまり、これをこのまま理解するならば、その行程は順番がまったく逆になってしまう。そのことから、『吾妻鏡』の記事がそもそも混乱・矛盾していると考えられてきたことも事実である。

まず、岩城・岩崎が福島県いわき市であるのは、まず動かないであろう。しかし、宇大・行方については、たしかに福島県北部にまとまって存在するものの、行方は茨城県(常陸国)の霞ヶ浦《かすみがうら》周辺にも同じ地名が存在することに注意しなければならない。もし、行方がこちらであると解すれば、『吾妻鏡』の記事の行程はとくに混乱したものと考える必要はなくなってくるからである。

とすれば、『吾妻鏡』の記事を整合的に理解するためには、宇大を行方よりも鎌倉に近い場所に設定できれば、なんの問題もなく読むことができるわけである。その場所は確定できないものの、豊島《としま》氏▲一族に宇大氏という武士がおり、このことから、豊島郡内辺りに宇大を考えるとすれば、まったく問題なく、『吾妻鏡』の記事が整合的に読めるのである。したがって、この部隊は、東京湾沿岸をめぐり、霞ヶ浦にでて、北上していったことになるだろう。

さて、さきに「宇大・行方を経、岩城・岩崎を廻り、阿武隈川の湊を渡り」と

▼**豊島氏**　桓武平氏《かんむへいし》、秩父氏《ちちぶし》流の一族。豊島(嶋)荘(東京都北《きた》区豊島一帯が中心)を本拠の一つとする武士団であったと考えられている。のち、豊島郡石神井郷《しゃくじいごう》(東京都練馬《ねりま》区)を本拠とした。

▼『梅松論』　中世の歴史書。一三四九(貞和《じょうわ》五)年ごろの成立。鎌倉期から足利尊氏《あしかがたかうじ》にいたる記事からなり、『太平記《たいへいき》』と異なって、足利氏方からの描写を特徴とする。



の読みを示してみたが、これでは意味が通じない。むしろ、ここは「阿武隈川の湊に渡り」と読めばこの辺の事情はさらに明確なものになってくる。宇大・行方は「経」なのに、岩城・岩崎は「廻」とあることも、ポイントになるであろう。つまり、「廻」は廻船の「廻」であり、霞ヶ浦から船による海上交通で北上したと考えればいい。

以上から、東海道軍が少なくとも霞ヶ浦の行方辺りから船で移動したと考えるならば、『吾妻鏡』のこの記載は、きわめて正しいものだったことになるのである。

次ページの図は阿部正道『かながわの古道』から転載したものであるが、鎌倉街道と俗称されている道が鎌倉から西北方面に二筋描かれている。北側の道は下《しも》の道であり、この少し先までは、中《なか》の道もかねているとされる。また、武蔵《むさしの》国府《こくふ》をめざして北上していくのが上《かみ》の道と俗称されている。

なお、『吾妻鏡』の記事による呼称は、現在、一般的に使われているこれらの呼称とはまったく逆である。さきに北陸道軍が「下道」をいくとあったが、この道は図でいえば上の道にあたる。のちの『梅松論《ばいしょうろん》』▲などでは今の俗称のような

●──**鎌倉街道**(阿部正道『かながわの古道』による)

●—現在も地表面に確認できる阿津賀志山の堀跡の一つ（福島県国見町）

表記になっているので、このように通用しているが、少なくとも『吾妻鏡』のこの記述とはあわない。ただ、さしあたりここでは、『梅松論』的表記を用いよう。

では、これらの部隊は、鎌倉から進発するに際して、どのようなルートをとおったのだろうか。

まずは、東海道軍の常陸以北の行動を、さしあたり上述のように想定しておこう。では、たとえばこの部隊は、前ページ図で示された下の道を北上していったと考えてよいのだろうか。

参考になるのは、東海道軍のとおったルートが、『吾妻鏡』では「下の道」などとは表現されず、あくまでも「東海道」と記載されていることである。東海道は、本来、鎌倉の東側から、三浦《みうら》半島の東側方面にぬけていくのが古代・中世の姿であって、この時期においては、図のような、山内にぬける道筋を「東海道」と表現するはずがなかったのである。

具体的にどの道かは特定できないにしても、東海道軍は、おそらく六浦道《むつらみち》といわれるようなルート、あるいはその前身となるルート、いずれにしても鎌倉を東西に走る道筋をとおっていったと推定するのが妥当であろう。

つぎに北陸道軍である。この一隊が、現在考えられている上の道をとおったことは、鎌倉からどのようにぬけていったのかは別として、まずまちがいない。武蔵府中《ふちゅう》にでて上州《じょうしゅう》をぬけ越後にはいり、日本海側を北上して羽州にはいるルートがあることは動かないであろう。

問題は頼朝本隊である。頼朝の軍隊については「中路」をとおったとされているのだが、注目すべきはわざわざ「大手中路」と記載されていることである。大手とは、城郭の正面を意味したり、また鎌倉城という表現もあるから、都市鎌倉の表玄関という位置付けがあたえられていたのであろう。とすれば、たとえば東海道将軍がとおる東にでるみち、あるいは上の道をいった北陸道軍のルートとは違った、もう一つの鎌倉からのルートがなければ、ここだけ「大手」と書くわけがない。とにかく、『吾妻鏡』がいうところの「東山道」をいったことはまちがいないわけで、宇都宮《うつのみや》方面にでて、古代の東山道と重なるような形で、白《しら》河関《かわのせき》を越えて北上したのは確かであろう。阿津賀志山《あつかしやま》での壮絶な戦い▲は、そのさきでの出来事であった。その場合の大手は、明らかに「奥州」に対する「大手」であっただろう。

**▼阿津賀志山の戦い**　一一八九(文治《ぶんじ》五)年八月、平泉をめざす頼朝方と、奥州藤原《ふじわら》氏方とで行われた最大の合戦。陸奥国伊達《だて》郡国見《くにみ》駅(宿)まで進んだ頼朝方に対し、「大将軍」藤原国衡《くにひら》方は、防衛ラインを伊達郡と刈田《かりた》郡(宮城県白石《しろいし》市)の境に設けて城壁を築き要害を固め、阿津賀志山(国見町付近)に堀を構えて阿武隈川の水を引き、これに備えたと『吾妻鏡』は伝える。その跡は、現存する。三日にわたる総力戦の結果、頼朝方は防衛ラインを突破し、平泉へ駒を進めることとなった。

それでは、頼朝本隊は、鎌倉をどのようなルートででていったのであろうか。

## 鎌倉の大手

平泉に対する攻撃はあくまで頼朝の私怨《しえん》によるものであったことは『吾妻鏡』にはっきりと記載されており〈宝治《ほうじ》二〈一二四八〉年二月五日条〉、いわば大義《たいぎ》のない出陣であった。

そうした経緯もあり、合戦後、頼朝は亡霊が侵入してこないだろうかとたいへん悩むことになる。そのため、頼朝は何度も足を運んで場所を決め、方角などを定めて、永福寺《ようふくじ》という巨大な寺院を建立することになる。永福寺が平泉でみた二階大堂《にかいおおどう》を模してつくったものであり、さらに合戦での亡者の亡魂を慰めるためであり、かつ平泉の亡霊が鎌倉に侵入してこないように建立したのだといわれている。そして、永福寺がこの位置に建立されたのも、鎌倉幕府の東北方、つまり怨霊・悪霊・疫病がはいってくる鬼門《きもん》の方角にあたるからだとされてきた。

ところで、こうした外敵などの侵入を防ぐためのものとして、道祖神《どうそじん》《さえのかみ》がある。

ところが、道祖神は野原にポツンとつくられる事例はまったくなく、すべて道路ぎわにつくられている。どのような怨霊・悪霊・疫病でも、すべてみちをとおってくる、ということが信じられていたからこそ、道祖神は道路脇につくられるのであった。ということは、永福寺を建てることによって平泉の怨霊が鎌倉にはいってこないことを期待するためには、そこに、平泉にまでつながっている道路がなければおかしいことになる。

次ページ図は鎌倉周辺の迅速図であるが、二階堂村と書かれた辺りが永福寺が建立された場所である。そこから北の方向、さらにやや東に向きながら北にのぼっていくルートがみられる。一方が点線、一方が実線で表記され、原図の凡例では村道にあたる。その下のランクの、実線のみで示されたみちは、「駄獣ヲ通サシムベキ小径」であり、さらにその下のランクの点線のみで示されたみちが「徒歩ニ非《あらざ》レハ通シ難キ小径」であるとされている。したがって、実線と点線で示されたこのみちは「小径」ではなく、「駄獣」が十分にとおることが可能な道路であった。

では、中世においても、永福寺が建立された地点から平泉に通じるみちがな

●──鎌倉周辺の迅速図(財団法人日本地図センター「明治前期測量　1/20,000 フランス式彩色地図」080・081)

ければならないという想定は、本当に成り立つのだろうか。そこで、つぎの石《いし》川光隆《かわみつたか》着到状《ちゃくとうじょう》▲をみてみよう。

> 陸奥《むつ》国石川大炊余四郎《おおいよしろう》光隆、去んぬる五月廿三日、奥州安積《あさか》郡笹川《ささがわ》城において、塩田《しおた》陸奥禅門《ぜんもん》子息陸奥六郎、同渋河《しぶかわ》七郎以下、家人《けにん》土持《つちもち》二郎入道《にゅうどう》、同六郎左衛門入道等と合戦す、光隆軍忠《ぐんちゅう》を抽《ぬ》きんずるによって手負い仕り……若党以下手負い疵《きず》の間、今に延引せしむる也、七月十五日参上を企て、二階堂釘貫《にかいどうくぎぬき》役所に勤仕《ごんし》するところなり、（『郡山市史　史料編　六四』）

これによれば、二階堂に釘貫役所という一種の関所《せきしょ》が設けられていたこと、そこに奥州で合戦をおえた陸奥国の武士である石川氏らが警護のために馳《は》せ参じたことが確認されるのである。日付は元弘《げんこう》三（正慶《しょうきょう》二＝一三三三）年七月日であり、幕府が滅びた年の七月に、石川光隆なる、本来は得宗被官《とくそうひかん》▲であったらしい人物が、二階堂釘貫役所に参着していることとなる。そして外題証判《げだいしょうばん》に「十五日以来役所勤仕相違なく候」と認められているわけであるから、二階堂に釘貫役所があり、東北方面と通じるみちが存在したことは紛れもない事実であった。

▼**着到状**　出陣の命を受けた（軍勢催促）場合、あるいは不測の事態に対応して自発的に陣などに参向した武士が、その旨を記して、陣などの奉行所《ぶぎょうしょ》などに宛てて差し出した文書。多くの場合、「一見《いっけん》了《おわんぬ》（花押）」「承《うけたまわり》了《おわんぬ》（花押）」などの証判が加えられる。

▼**得宗被官**　御内人《みうちびと》ともいう。得宗は、北条義時《ほうじょうよしとき》の法名《ほうみょう》「徳崇《とくそう》」に由来し、のち、時政《ときまさ》以来の北条氏嫡流の当主をさした。得宗被官はその被官人にあたり、その権威を背景に、鎌倉幕府内で大きな力をふるった。

▼**警固覆勘状**　覆勘は、訴訟用語として、再審の意にも用いられるが、この場合は、京都大番役《おおばんやく》などをはじめとした武士に対する軍事的諸役を勤務したことを証するための文書。

もちろん、二階堂釘貫役所が具体的にどこにあったのかは今のところ不明である。ただし、『鎌倉遺文《かまくらいぶん》』三二六二〇号の政綱警固覆勘状《まさつなけいごふくかんじょう》▲（「斎藤文書」）には、

二階堂三ツ辻役所警固の事、相共に勤仕し候ひ畢《おわんぬ》、

元弘三年十月十日　政綱（花押）

曾我乙房丸《そがおつぼうまる》

とあり、これがさきの二階堂釘貫役所と同じ施設であることは確実であろう。

道祖神は怨霊がみちをとおるから道路沿いにある。だから永福寺のわきにも、奥州へつながるみちがなければおかしい。こうしたあまりに突飛にみえる邪念が、以上のことから、実は邪念ではけっしてなく、確かな事実であったということが、これらの史料によって確認できるのであった。

そうなると、この地に永福寺を建てたという事実は、頼朝がこの辺を通過して平泉に向かったことを示している。すなわち、永福寺周辺をとおって鎌倉からでる道が、中世都市鎌倉の奥州に向けた大手なのであった。したがって、東海道軍の六浦道のような東にいくみち、北陸道軍のいわゆる上の道といわれた

●——二階堂から円海山へ向かうみち(鎌倉市)

武蔵府中をめざすみち、それらとはまったく別に、頼朝本隊は、鎌倉からのちに永福寺が建設される場所の脇、のちの二階堂村をぬけ、円海山《えんかいさん》辺りをとおっていったと考えるのが妥当であろう。このルートこそが、鎌倉の「大手」なのであった。

またこの事実は、江戸期以降広くいわれるようになったいわゆる鎌倉七口《ななくち》(七切通)が、あまり中世の実態を反映していなかったことを、如実に語るものでもあろう。

『吾妻鏡』寛喜《かんぎ》三(一二三一)年正月十四日条、建長《けんちょう》三(一二五一)年十月七日条にみえる、鎌倉の火災に際して登場する「二階堂大路」こそ、「大手」にあたるものであろう。従来これは永福寺に通じるみちと解されてきた。しかし、上述のごとく、それははるか奥州にまで通じる「大路」なのであった。

## 権現山・権現堂

横浜市金沢《かなざわ》区六浦《むつうら》の丘の上に、かつて上行寺《じょうぎょうじ》東《ひがし》遺跡と呼ばれる遺跡が存在した。それは、中世を代表する港湾で、中世都市鎌倉の外港として栄えた六浦津の湊山《みなとやま》に相当する山、御伊勢《おいせ》山・権現《ごんげん》山の突端に位置し、また、鎌倉にはいる前の忍性《にんしょう》▲が止住したという記録があることなどからも、貴重な遺跡であり、これを保存すべきだとの声が大きくあがったものだった。それにもかかわらず、衆参同日選挙のその日に破壊されてしまったという、いわくつきの遺跡である。その中世の港湾などとの関わりといった意味を探るためもあって、私が注目したのが、さしあたり「権現山」なる呼称であった。

たとえば横浜市神奈川区にも権現山がある。要するに修験の拠点でもあるが、同時に、その真下にはいわゆる東海道が走っており、さらに神奈川の湊もある。これは六浦の事例とまったく同様のものであり、水陸の交通が交差する拠点にこそ、権現堂・権現山が存在することが推定された。すなわち、みち・湊・権現山が三点セットとなって存在していたのである。

それはなにも海上交通との関わりにおいてのみではなかった。京浜《けいひん》急行線に弘明寺《ぐみょうじ》駅があるが、この弘明寺は、関東祈禱所《きとうじょ》になったほど鎌倉幕府と密接な関係がある寺院であった。江戸時代の絵図をみると、弘明寺の山頂に「熊野《くまの》」と書かれており、熊野権現がまつられていた（要するに権現堂である）。その真正

▼**忍性**　一二一七～一三〇三年。字良観。西大寺流真言律宗の叡尊《えいぞん》に師事し、一二五二（建長四）年常陸国三村《みむら》寺で布教後、一二六一（弘長元）年鎌倉へはいり、鎌倉へくだった叡尊とともに律を広める。その後も鎌倉で極楽寺などの長老をつとめる。その慈善救済活動は著名。

●弘明寺付近図

面をいわゆる鎌倉街道と推定されている道路が走っている。ちなみに、現在鎌倉街道と呼ばれている大きなみちは、近世・近代の横須賀道であり、弘明寺の近くにあるくねくねとまがった細いみちがいわゆる鎌倉道である。要するにこの場合でも、権現と交通は密接にかかわっていたのである。

さらに、神奈川県秦野市《はだの》にも権現山がある。それは、秦野盆地の東縁にでる大山《おおやま》枝峰である弘法山《こうぼうやま》の南辺にあたっている。周辺には観音山・地蔵《じぞう》など、仏教的な地名が多く、また、弘法山の山頂には釈迦堂《しゃかどう》があって、弘法大師《こうぼうだいし》像を安置する。この山頂北端の旧釈迦堂地内には鎌倉時代の弘法山経塚《きょうづか》が存在し、大甕《おおがめ》のなかに、一石経《いっせききょう》▲がぎっしりと詰められていた。まさに中世においてこの山が信仰の対象となっていたことを明瞭に語っている。さらに麓にある龍法寺《りゅうほうじ》にも、五輪塔《ごりんとう》をはじめとする石造遺物が多数残されている。同寺には、十一面《じゅういちめん》観音《かんのん》と薬師如来《やくしにょらい》の立像《りゅうぞう》が安置されており、いずれも、平安末期の仏像であるとされているが、これらはもともと、権現山の山頂にあった権現堂におさめられていたものだという。

こうした中世の宗教的環境のなかで、その麓を走るみちこそ、京鎌倉往還の

**▼一石経**　末法《まっぽう》思想の影響で、仏教経典を書写して地下《ちか》に埋納したものが、経塚である。一般には紙に書き、外容器にいれて埋納したが、瓦や石・銅版に書く場合もあり、石に書いたものをいう。礫《れき》石経《いしきょう》ともいい、一字《いちじ》一石経・多字《たじ》一石経がある。

●龍法寺の石造遺物（秦野市）

うち、足柄《あしがら》越えルートの重要な街道であった。権現山の前をとおるこのみちは、平塚《ひらつか》方面の大縄《おおなわ》と呼ばれるところまで伸びる計画的な長いみちで、中世における主要道であることは確かであり、権現山との関係がここでも明瞭にあらわれている。

## 東光寺

しかし、ここでは権現山のみならず、私が注目したのは、そのみち沿いの金《かな》目《め》から少しはずれたところに、南矢名《みなみやな》というところがあり、そこに東光寺《とうこうじ》という寺院が存在することであった。なぜならば、横浜の東海道筋には、東光寺という名前の寺院が、神奈川の湊近くにもあるし、横浜の湊近くにもあったからである。

その東光寺のみちの向かい側には、東光寺薬師堂が建っている。特徴的なことは、道筋自体が薬師堂の参道の機能も果たしており、みちからほぼ真正面にはいることができる点である。そして薬師堂にぶつかる直前でみちが迂回している。こうした構造の道路はあちこちにあるが、みちとお堂が一体で形成され

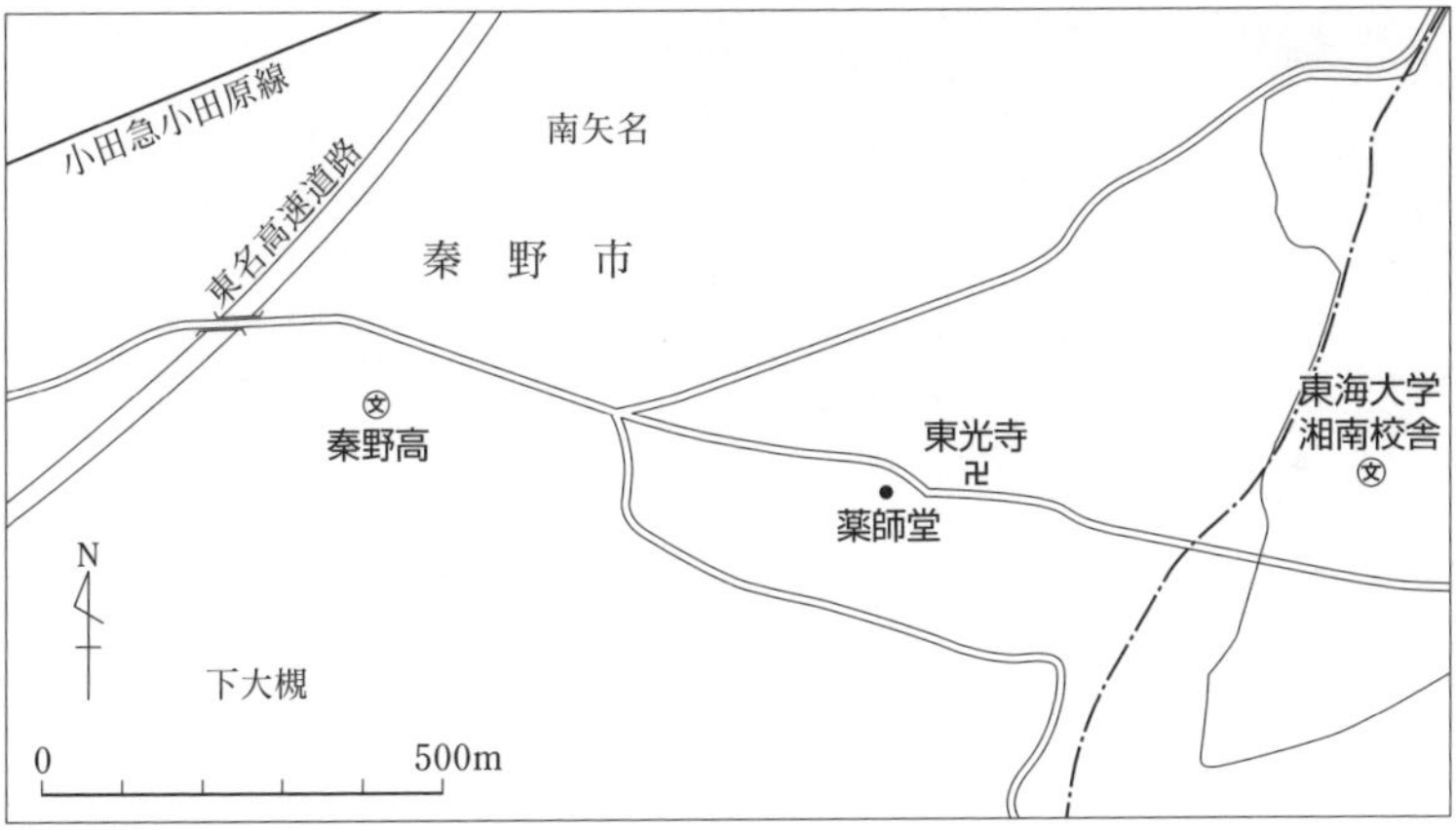


●──東光寺周辺のみち

●──東光寺薬師堂へ向かい，その先右へ折れまがるみち
(秦野市)

●──東光寺境内の石造遺物

●—芦之湯付近の箱根石仏群の一つ、宝篋印塔(箱根町)

●—復元された熊野権現堂(箱根町)

た結果であり、当初から計画された結果、このようになったものであろう。

東光寺は鎌倉期にまでさかのぼる寺院であり、少なくとも当時の景観を維持していることは、両方の境内に石造物が多数存在すること、室町《むろまち》時代の木造《もくぞう》薬師三尊《さんぞん》像、さらに、平安《へいあん》時代の木造聖観音《しょうかんのん》立像が安置されていること、また、既述のとおり、みちと二つのお堂が一体で計画されたであろうことなどからも、まちがいないだろう。

以上のことを踏まえるならば、東光寺という名前の寺院の存在も、中世にさかのぼるみちを示す手がかり、メルクマールになるのではないか。そんな仮定のもとにさらに調べてみると、やはり、いくつかの事例を拾うことができる。

中世の箱根《はこね》越えは、湯坂道《ゆさかみち》をとおるが、その湯坂道が現在の国道一号線と交わった付近に、芦之湯《あしのゆ》がある。ここは中世においては「芦ノ海」とも呼ばれ(『東《とう》関紀行《かんきこう》』)、また、飛鳥井正有の『春能深山路《はるのみやまじ》』にも記載があるとおり、箱根越えの中世の旅人は必ずこの付近を通過した。

その芦之湯には、箱根権現の末社《まっしゃ》熊野堂(権現堂)が少し小高い場所にあった。さらに境内《けいだい》には東光庵薬師堂も存在した。権現もあれば東光もあるし、中世の旅人がとおったことが記録のうえでまちがいないことから、この三者の関係も明瞭であった。

となれば、横浜の金沢区釜利谷《かまりや》の白山東光禅寺《はくさんとうこうぜんじ》の存在も重要であろう。この寺が中世でいうところの白山堂であろうことは、すでに熊原政男によって指摘されている。寺伝によれば、もともと医王山《いおうさん》東光寺と称して鎌倉の薬師堂が谷《やつ》にあったといい、応仁《おうにん》年間(一四六七〜六九)ごろにこの地に移ったというが、このことはつぎの文書と矛盾するのでとらない。すなわち、応永《おうえい》三十一(一四二四)年の関東公方足利持氏安堵状《かんとうくぼうあしかがもちうじあんどじょう》▲に「武蔵国六浦庄《しょう》釜利屋郷白山堂事」とあり、この時代から存在したことは明らかだからである。

その白山堂にそって、鎌倉と六浦・金沢を結ぶ古道として有名な白山道が存在する。この場合も、中世のみちと、「東光寺」の関わりを示すものであろう。

以上、「東光寺」と中世古道とのかなり密接な関係を指摘してきたが、実はさきほど鎌倉の「大手」として取り上げた二階堂にも、東光寺が存在した。現在鎌《かま》倉宮《くらぐう》の建っている場所にもともとあった寺院であり、この地で護良親王《もりよししんのう》▲が殺されて墓所ができたという寺院である。夢窓疎石《むそうそせき》▲などもはいっており、幕府の重

▼**足利持氏安堵状**(「金沢文庫文書」)　内容はつぎのとおり。

武蔵国六浦庄釜利屋郷白山堂事、任去建武二年六月十一日幷貞和六年二月廿一日寄附之旨、為称名寺末寺、如元領掌不可有相違之状如件、

応永卅一年五月二日(花押)

▼**護良親王**　一三〇八〜三五年。後醍醐《ごだいご》天皇の子。天台座主《てんだいざす》をつとめたが、一三三二(正慶《しょうきょう》元)年還俗《げんぞく》して反幕勢力の中心の一人となる。建武政権では征夷大将軍《せいいたいしょうぐん》となるが、尊氏と対立して父から解任され、鎌倉へ流される。中先代《なかせんだい》の乱《らん》に際し、殺害された。

▼**夢窓疎石**　一二七五〜一三五一年。鎌倉・南北朝期《なんぼくちょうき》の禅僧。京都・鎌倉など各地で禅寺《ぜんでら》を開く。後醍醐天皇の冥福を祈るため、天《てん》竜寺船《りゅうじぶね》の派遣を建議したことは著名。

要な寺として機能していた。ここに東光寺が存在したことはまた、ひるがえって、この二階堂大路が、中世の主要な「大路」であったことを、別の面からも裏づけてくれるのであった。

## 白山堂

では、なぜ「東光寺」なのだろうか。その名前からは、当然ながら東方薬師浄土との関連が考えられる。

釜利谷の白山東光禅寺について熊原は、

東光寺の本尊はいうまでもなく薬師如来であるが、薬師如来は東方の教主で瑠璃光《るりこう》如来といい、東光はその名前をとったのだといわれる。

と指摘したあと、

東光寺があるところには、必ず白山堂がある例は、東国《とうごく》に多いということだ。実はここから山越えに鎌倉に出る二階堂の薬師堂谷にも、覚園寺《かくおんじ》の東南山麓に、医王山と号した東光寺があり(いまはない)、例の大塔宮《おおとうのみや》が押し込められた土牢《どろう》(おそらく竪穴住居址《たてあなじゅうきょ》)はここだと風土記はいっている。

と、竪穴云々はともかく、二階堂の東光寺についてもすでにふれていたのである。

東日本において、山岳信仰は薬師を重視したものだという。また権現堂(熊野ないし白山)が道路と密接な関わりがあることは、すでに指摘した。いうまでもなく、修験者《しゅげんじゃ》がみちを歩き回り、各地に修験の拠点をおいていたこと、その拠点を中心になんらかの道路整備なども行ったことも十分に想定できるであろう。東日本で、彼らが持ち歩いた本尊が薬師であり、そこから東方薬師浄土《じょうど》という意味で東光寺と呼ぶようになった可能性はきわめて高い。

少なくとも東日本では、中世古道《こどう》の復元にとって、「権現山」「東光寺」などの呼称が、大きなメルクマールになる可能性は高い。こうしたメルクマールとなる地名などを丹念に探っていくことができるならば、それは、中世古道の復元にとって、きわめて有効な手段となりうるであろう。

## ⑤——交通と都市的な場

### 荒井猫田遺跡

こうして、たとえば鎌倉《かまくら》を発したみちは多方面へと延びていたのであったが、それらを結びつけるかのように、多くの都市的な場も形成されていた。近年の中世考古学のきわめて活発な成果のおかげもあり、こうした場が相当数指摘されるようになってきている。そこで、ここではその代表的と思われるものを若干取り上げておきたい。

まずは、福島県郡山《こおりやま》市の荒井猫田《あらいねこた》遺跡を取り上げたい。同遺跡は、JR東北本線郡山駅から南南西約三・二キロの地点に位置し(旧国鉄貨物操車場跡地)、一九九六(平成八)年より、二〇〇二(同十四)年まで調査が行われた、貴重な遺跡である。

なんといってもその中心となるのは、南北方向に二条に発見された溝跡であり、それが道路の両側側溝《そっこう》であること、ほぼ並行して、現在の東北本線、近世の奥州《おうしゅう》街道、現在の国道四号線などが走っていることなどから、この道こそ、

●——奥大道かと考えられる、荒井猫田遺跡のみち（郡山市）

中世の奥大道《おくだいどう》だった可能性がきわめて高いものと判断された。もしかしたら、平泉《ひらいずみ》に向かった頼朝《よりとも》が通過したみちかもしれない。

その両側にはおびただしいまでの柱穴群、その外側には、相当数の井戸跡が発見されたこともおおいに注目を集めた。つまり、この遺跡（Ⅲ区など）は、奥大道にそった中世の町だったのであり、区画溝によって規制される、計画的な開発であったと推定される。

そのうえ、両側側溝から、対応する柱穴が発見され、これが町を区画する木戸跡で、発掘調査としてははじめての事例であったことから、この遺跡がきわめて重要なものであるとの認識が深まり、一九九八（平成十）年四月には、福島県と郡山市に対し、「全面保存も視野に入れた十分な調査と、それに見合った事業計画」の策定を求める要望書が提出された。その後、若干の紆余曲折もありながら、翌年四月には、一部の道路およびその両側一〇メートルについては、保存されることが決定したのである。

この遺跡は、まず南北の道路がつくられ、ついで館の主郭《しゅかく》部があらわれ、その後、道の両側に建物群がつくられ、町を形成したと考えられている。その北

●——荒井猫田遺跡(部分。郡山市)

側には今はない旧河川の河道が確認され、橋の橋脚まで出土した。まさに陸上交通と水上交通の結節点に位置していたのが、この町場であった。出土遺物としては、生活感のある陶磁器《とうじき》の碗《わん》・皿類や漆器椀《しっきわん》よりも、物流にかかわる壺《つぼ》・甕《かめ》・鉢《はち》類が多く出土している。また鉄加工に使われる遺物や、未製品の曲物《まげもの》の存在から、鍛冶《かじ》や曲物師といった手工業にかかわる職人たちの居住が推定されている。

この遺跡について、飯村均は、構成要素が、掘立柱《ほったてばしら》建物・井戸・溝・土壙《どこう》などである点などから、これを「荒井猫田型」ととらえ、宿《しゅく》であったと指摘している。

## 野路岡田遺跡

これに類似した事例として、滋賀県草津《くさつ》市野路岡田《のじおかだ》遺跡をあげることができる。これは、ＪＲ琵琶湖《びわこ》線草津駅の西に隣接する古代〜中世初頭期間に存続する集落遺跡であり、その西には、古代から近世にいたる矢橋《やばし》の港の存在、また東方には古代東山道《とうさんどう》・東海《とうかい》道が走るなど、やはり湖上交通路と陸上交通路が結

●―野路岡田遺跡遺構平面図(岡田雅人「滋賀県草津市野路岡田遺跡発掘調査概要」『中世のみちと橋を探る』による)

節する交通の要衝である。上にあげた遺構平面図の北側を「馬道」と呼ばれる道がとおっており、それが西方に延びて矢橋港に直結すること、その南側に、それによって規制された建物群が立つなど計画的に町が形成されている点などから、この地が『吾妻鏡《あずまかがみ》』などに散見される野路宿である可能性も指摘されている。もしそうだとすれば、一一九〇(建久《けんきゅう》元)年十一月五・六日には、頼朝はここに宿泊していたことになる。

## 下古館遺跡

ついで、飯村が市型の遺構として規定した、下古館《しもふるだて》遺跡を取り上げたい。下古館遺跡は栃木県下野《しもつけ》市医大前四丁目付近の台地上の遺跡であり、その境界線上を走る「うしみち」なる道が、遺跡の中心を南北方向に縦貫する。この遺跡群の特徴の一つは、南北四八〇メートル、東西一七〇メートルの平面長方形をなす薬研《やげん》状の溝(一号遺構。次ページ図参照)、さらにその外側を一号と相似形をなす溝によって、二重に区画されていることである。

この遺跡については、相当な議論があった。その性格をめぐって、さまざま

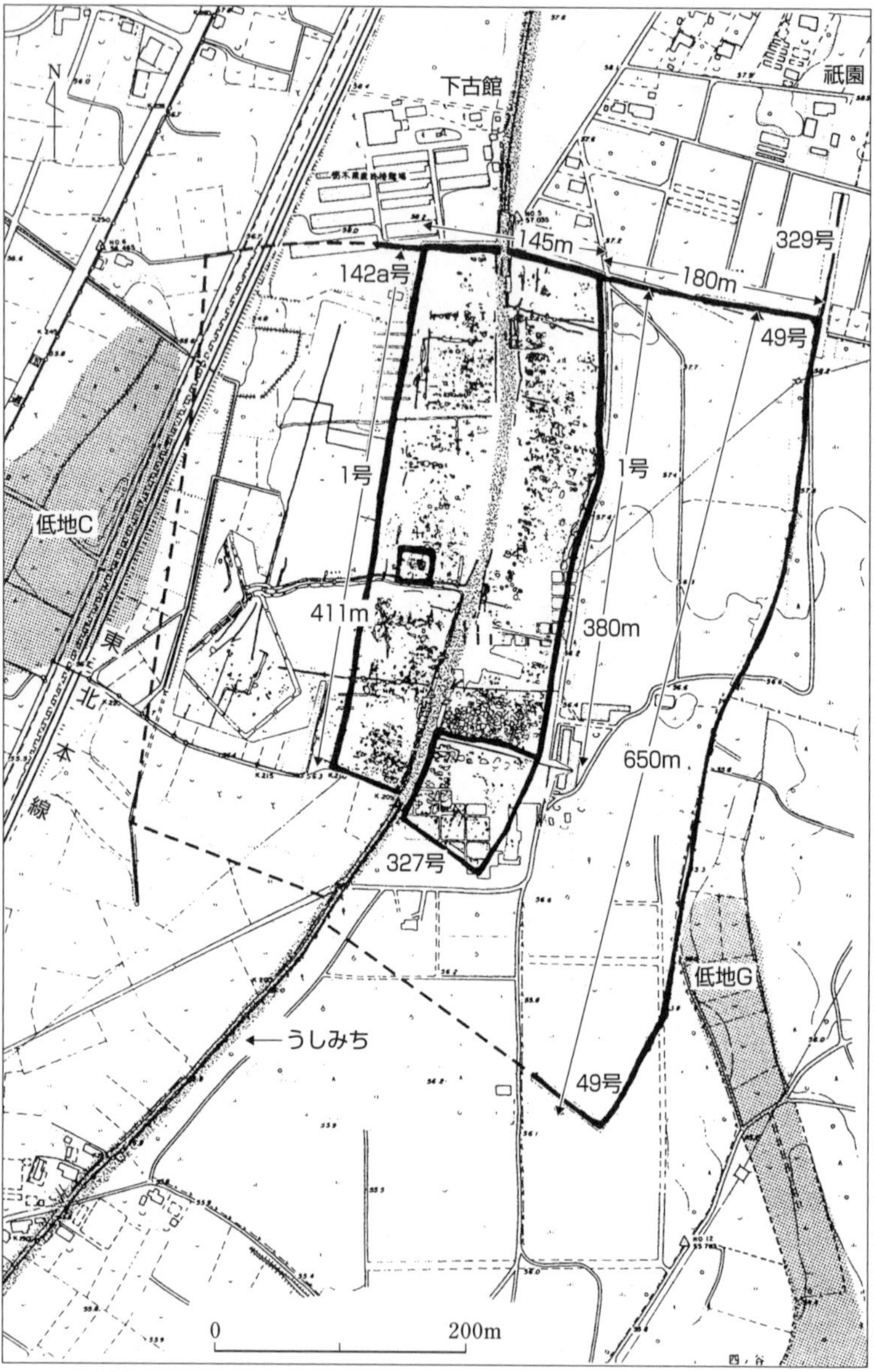


●──下古館遺跡(田代隆「下古館遺跡について」『中世のみちと橋を探る』による)

●—下古館遺跡の薬研状の溝

な見解が提示されたからである。

その後、「うしみち」は、小山《おやま》・宇都宮《うつのみや》間の幹線道路と推定され、奥大道である可能性が高まった。さらに注目されるのは、一号区画内の南東にある台形状の独立した区画(三二七号)である。この独立した区画内は、その他に比較してきわめて日常生活感が乏しい。こうしたことから、この台形区画が市であった可能性が指摘されているのである。

以上、都市的な場とおぼしき遺跡などについて、簡単に取り上げてみた。取り上げるべきはまだいくつもある。あるいはまた、今みたような事例についても、まだまだ検討が必要であることも事実ではある。それぞれの遺跡が本当はなんだったのか、という点だけでも、まだ完全な解答がでたというわけでもないからである。とはいえ、これだけでも、中世の交通の結節点に展開した、都市的な場について、そのイメージをわかせることは十分に可能であろう。

## 中世のみちと都市——若干の展望にかえて

ずいぶんとふれるべきところを落としてしまったことは、本文を読んでいただければ明瞭である。また、それぞれの事例についても、より深い考察や解説が必要だったであろうことも、われながら認識している。いずれにしても、筆者の能力の限界を示しているものでもあろう。

だが、最後にふれたように、近年の中世考古学の成果は、われわれにさまざまな疑問と反省をうながすことになった。それまでの、たとえば文献的常識は考えなおすべきだ、などと。

とはいえ、そうした膨大な発掘成果のなかで、それぞれの遺跡が中世の人びとにとってなんであったのか。中世の人びとによって、固有名詞としてではなく、概念としてどう呼ばれていたのか、といった、名づけの問題は、いまだ十分に解明されていないのが現状である。こうした問題点が解消されようとするとき、中世という時代と社会を考えるうえで、きわめて重要な手がかりをわれわれに示してくれることになることも、言をまたないであろう。

ようやくあらたな材料が提示されるようになった。それに従って、文献史料などの見なおしも始まっている。そこからみえてくる中世とは、どんなものだったのだろうか。

そのときが早くくることを期待しながら、また、みちを歩きだすことにしよう。

## ●—写真所蔵・提供者一覧(敬称略, 五十音順)

石山寺　　p. 17
国(文化庁)保管・中央公論新社(提供)　　p. 5
香雪美術館　　p. 41下
郡山市教育委員会　　p. 102
個人蔵・中央公論新社(提供)　　p. 39 下
相模原市　　p. 75
清浄光寺　　p. 36, 39 上, 41 上, 44, 45, 50, 51
茅ヶ崎市教育委員会　　p. 24
東京国立博物館　Image:TNM Image Archives　Source:http://TnmArchives.jp/
カバー表, 扉, p. 22, 41 中(円伊)／ p. 4(狩野晴川ほか模本)／ p. 39 中(冷泉為恭ほか模本)
平泉文化史館蔵・入間田宣夫(提供)　　p. 32

る』2001年
戸田芳実『歴史と古道―歩いて学ぶ中世史―』人文書院, 1992年
戸田芳実『中世の神仏と古道』吉川弘文館, 1995年
畑中英二「中世勢多橋界隈のみち・はし・ふね」中世みちの研究会編『中世のみちと橋』2005年
原寿夫「奥州征討東海道軍の任務と行動」『鎌倉』87, 1998年
保立道久「絵巻に見る商人と職人―都市文化としての『銭』と『火』の解明のために―」網野善彦・石井進編『中世都市と商人職人』名著出版, 1992年
松村博「中世の橋の構造」中世みちの研究会編『中世のみちと橋』2005年
八重樫忠郎「平泉への道・平泉の道」藤原良章・村井章介編『中世のみちと物流』山川出版社, 1999年
柳田国男「橋姫」『定本柳田国男集』第５巻, 筑摩書房, 1968年
山本富夫『東京いまとむかし―祭り・行事・伝説を訪ねて―』彩流社, 1991年

●—参考文献

阿部正道『かながわの古道』かもめ文庫, 1981年
網野善彦『増補　無縁・公界・楽』平凡社選書, 1987年
網野善彦「中世前期の交通」児玉幸多編『日本交通史』吉川弘文館, 1992年
網野善彦『日本中世都市の世界』筑摩書房, 1996年
網野善彦「中世前期の都市と職能民」網野善彦・横井清『日本の中世6　都市と職能民の活動』中央公論新社, 2003年
飯村均「東国の宿・市・津」藤原良章・村井章介編『中世のみちと物流』山川出版社, 1999年
石井進「中世都市論の課題」石井進著作集刊行会編『石井進著作集9　中世都市を語る』岩波書店, 2005年
入間田宣夫『日本史リブレット18　都市平泉の遺産』山川出版社, 2003年
岩崎宗純『中世の箱根山』神奈川新聞社, 1998年
岩崎武夫「直江津—境界としての世界—」『続さんせう太夫考』平凡社選書, 1978年
大村浩司「中世の橋遺跡—国史跡旧相模川橋脚の調査—」中世みちの研究会編『中世のみちと景観』2005年
岡田雅人「滋賀県草津市野路岡田遺跡発掘調査概要—中世野路遺跡の検討—」中世みちの研究会編『中世のみちと橋を探る』2001年
木下良『神奈川の古代道』藤沢市教育委員会, 1997年
熊原政男「称名寺寺領としての釜利谷郷(上)・(下)」『金沢文庫研究』85・86, 1962年
小林清治「奥州合戦と二重堀」国見町郷土史研究会編『郷土の研究』第10号, 1979年
五味文彦「中世都市の展開」佐藤信・吉田伸之編『新体系日本史6　都市社会史』山川出版社, 2001年
新城常三『鎌倉時代の交通』吉川弘文館, 1967年(新装版, 1995年)
新城常三『新稿社寺参詣の社会経済史的研究』塙書房, 1982年
進止五十八・出来正典「造園橋にみる環境における橋の形と意味」『山河計画』思考社, 1997年
高橋博志「荒井猫田遺跡の町跡とその周辺」藤原良章・村井章介編『中世のみちと物流』山川出版社, 1999年
田代隆「下古館遺跡について」中世みちの研究会編『中世のみちと橋を探

日本史リブレット25
中世《ちゅうせい》のみちと都市《とし》
2005年9月25日　1版1刷　発行
2019年10月30日　1版5刷　発行
著者：藤原良章《ふじわらよしあき》
発行者：野澤伸平
発行所：株式会社 山川出版社
〒101−0047　東京都千代田区内神田1−13−13
電話 03(3293)8131(営業)
03(3293)8135(編集)
https://www.yamakawa.co.jp/
振替 00120-9-43993
印刷所：明和印刷株式会社
製本所：株式会社 ブロケード
装幀：菊地信義

Printed in Japan ISBN 978-4-634-54250-1

## 日本史リブレット　第Ⅰ期［68巻］・第Ⅱ期［33巻］　全101巻

1 旧石器時代の社会と文化
2 縄文の豊かさと限界
3 弥生の村
4 古墳とその時代
5 大王と地方豪族
6 藤原京の形成
7 古代都市平城京の世界
8 古代の地方官衙と社会
9 漢字文化の成り立ちと展開
10 平安京の暮らしと行政
11 蝦夷の地と古代国家
12 受領と地方社会
13 出雲国風土記と古代遺跡
14 東アジア世界と古代の日本
15 地下から出土した文字
16 古代・中世の女性と仏教
17 古代寺院の成立と展開
18 都市平泉の遺産
19 中世に国家はあったか
20 中世の家と性
21 武家の古都、鎌倉
22 中世の天皇観
23 環境歴史学とはなにか
24 武士と荘園支配
25 中世のみちと都市
26 戦国時代、村と町のかたち
27 破産者たちの中世
28 境界をまたぐ人びと
29 石造物が語る中世職能集団
30 中世の日記の世界
31 板碑と石塔の祈り
32 中世の神と仏
33 中世社会と現代
34 秀吉の朝鮮侵略
35 町屋と町並み
36 江戸幕府と朝廷
37 キリシタン禁制と民衆の宗教
38 慶安の触書は出されたか
39 近世村人のライフサイクル
40 都市大坂と非人
41 対馬からみた日朝関係
42 琉球の王権とグスク
43 琉球と日本・中国
44 描かれた近世都市
45 武家奉公人と労働社会
46 天文方と陰陽道
47 海の道、川の道
48 近世の三大改革
49 八州廻りと博徒
50 アイヌ民族の軌跡
51 錦絵を読む
52 草山の語る近世
53 21世紀の「江戸」
54 近代歌謡の軌跡
55 日本近代漫画の誕生
56 海を渡った日本人
57 近代日本とアイヌ社会
58 スポーツと政治
59 近代化の旗手、鉄道
60 情報化と国家・企業
61 民衆宗教と国家神道
62 日本社会保険の成立
63 歴史としての環境問題
64 近代日本の海外学術調査
65 戦争と知識人
66 現代日本と沖縄
67 新安保体制下の日米関係
68 戦後補償から考える日本とアジア
69 遺跡からみた古代の駅家
70 古代の日本と加耶
71 飛鳥の宮と寺
72 古代東国の石碑
73 律令制とはなにか
74 正倉院宝物の世界
75 日宋貿易と「硫黄の道」
76 荘園絵図が語る古代・中世
77 対馬と海峡の中世史
78 中世の書物と学問
79 史料としての猫絵
80 寺社と芸能の中世
81 一揆の世界と法
82 戦国時代の天皇
83 日本史のなかの戦国時代
84 兵と農の分離
85 江戸時代のお触れ
86 江戸時代の神社
87 大名屋敷と江戸遺跡
88 近世商人と市場
89 近世鉱山をささえた人びと
90 「資源繁殖の時代」と日本の漁業
91 江戸の浄瑠璃文化
92 江戸時代の老いと看取り
93 近世の淀川治水
94 日本民俗学の開拓者たち
95 軍用地と都市・民衆
96 感染症の近代史
97 陵墓と文化財の近代
98 徳富蘇峰と大日本言論報国会
99 労働力動員と強制連行
100 科学技術政策
101 占領・復興期の日米関係